U0926337

重庆文化研究 辛丑夏

Chongqing Cultural Research | 蔡武 题

■ 重庆市文化和旅游研究院　编

图书在版编目(CIP)数据

重庆文化研究. 辛丑夏 / 重庆市文化和旅游研究院编. — 重庆 : 西南师范大学出版社, 2021.8
ISBN 978-7-5697-1053-3

Ⅰ. ①重… Ⅱ. ①重… Ⅲ. ①地方文化—研究—重庆—2021 Ⅳ. ①K297.19

中国版本图书馆CIP数据核字(2021)第155343号

重庆文化研究·辛丑夏

CHONGQING WENHUA YANJIU XIN-CHOU XIA

重庆市文化和旅游研究院 **编**

责任编辑:王玉竹
责任校对:李 君
书籍设计:杨 涵
排 版:瞿 勤
出版发行:西南师范大学出版社
地址:重庆市北碚区天生路2号
邮编:400715
市场营销部电话:023-68868624
经 销:新华书店
印 刷:重庆紫石东南印务有限公司
幅面尺寸:210 mm×285 mm
印 张:9
插 页:8
字 数:205千字
版 次:2021年8月 第1版
印 次:2021年8月 第1次印刷
书 号:ISBN 978-7-5697-1053-3
定 价:35.00元

重庆的统战贡献

如果说，回首重庆对中国共产党诞生100年来的重大贡献，首当是统战，即中国共产党的统一战线工作。

为什么呢？因为，中国新型政党制度中包括中国共产党和八个民主党派，以及无党派人士，其中八个民主党派中有四个成立于重庆，并且发挥着积极作用，这四个是中国民主同盟、中国民主建国会、九三学社、中国国民党革命委员会。这里还是毛泽东、周恩来、邓小平等与宋庆龄、张澜、黄炎培等民主党派、无党派人士肝胆相照、真诚团结，开展政治活动，形成抗日民族统一战线，促进国家统一的重要之地；这里还是全国留下统战文化旧址最多的地方，据《重庆统战文化旧址保护与利用研究》，这些旧址有188处之多，它们是中共领导人、各民主党派、重要进步人士开展统一战线工作和活动的重要场所。

总之，重庆是中国抗日民族统一战线的重要实践地，中国民主党派的主要发祥地，中国政治协商的诞生地。

1939年10月，毛泽东在撰写的《〈共产党人〉发刊词》中说："统一战线，武装斗争，党的建设，是中国共产党在中国革命中战胜敌人的三个法宝。"后来，我们党将其上升为战胜敌人的"三大法宝"。可见统一战线对党的历史和发展贡献之重大。

进入新时代以来，重庆市委、市政府高度重视统战工作，创造性地提出了统战文化的概念，并且把建设"统战文化之都"作为当前和今后一个时期的重要目标，列入"十三五""十四五"统战工作和文化工作发展规划，要系统地、长期地、持久地抓下去。

特别是近年来，在加强中国民主党派历史陈列馆等基础设施建设，加强统战文化旧址保护与利用，加强统战文学艺术创作，加大统战宣传推广力度的同时，加强了统战文化理论研究，形成了一系列研究成果：厘清了统战文化的基本含义、基本内容、时代价值、发展状况，规划了统战文化的发展方向、发展重点、发展措施，形成了统战文化发展的总体格局。同时，从纵向上、横向上对统战文化进行交叉、重点研究，既有面上研究的成果，也有点上研究的成果。研究投入、研究力度、研究效果是值得称许的。尤其是统战文化建设的成果，已经与重庆的巴渝文化、三峡文化、革命文化、抗战文化、移民文化形成一个整体，成为重庆文化的重要组成部分，成为重庆人民的重要精神资源。

本书发表的由重庆市委常委、统战部部长李静同志撰文的《重庆统战文化研究 》和由市委统战部、市文化和旅游研究院联合课题组撰文的《重庆统战文化旧址保护与利用研究》是统战文化研究的重要成果。特别是《重庆统战文化研究》具有高度的理论性、思想性、方向性、学术性，是重庆统战文化建设和发展的总纲，是指导当前和今后一个时期统战文化发展和研究的重要理论成果。我们把它刊发在这里，不仅希望推动理论研究成果的传播，更重要的是期待着指导重庆统战文化更快更好地发展，为中国共产党的统一战线工作，为重庆文化全面发展做出贡献。

重庆有丰富的统战文化资源，在这方面有大量需要研究和开展的工作，期待全社会都来关注重庆统战文化，参与到研究之中，融入到发展之中，贡献出每一个社会团体的文化力量，奉献出每一个人的文化精神。

编者
2021年7月3日

目　录

政策研究

基础科研

文艺评论

巴渝文化

人物风采

文化记忆

艺文空间

重庆统战文化研究

李静
（重庆市委常委、统战部部长）

文化是一个国家、一个民族的灵魂。习近平总书记指出，“文化自信，是更基础、更广泛、更深厚的自信，是更基本、更深沉、更持久的力量”。重庆具有悠久的统战历史、光荣的统战传统、深厚的统战底蕴、丰富的统战实践，在党的统一战线大格局中占有特殊重要的地位、发挥了特殊重要的作用，积淀形成了独具特色的统战文化。陈敏尔书记要求，要让重庆统战历史文化“活”在当下、服务当代。深入研究重庆统战文化的科学内涵、鲜明特质、历史地位、时代价值和建设发展，具有十分重要的理论意义和实践意义。

一、重庆统战文化的内涵和特质

统战文化是不同社会政治力量为实现共同目标而结成政治联盟过程中创造的物质财富和精神财富的总和。重庆统战文化是指在革命、建设和改革开放时期，中国共产党在重庆与不同社会政治力量结成政治联盟过程中创造的物质财富和精神财富的总和。重庆统战文化根植于中华优秀传统文化，孕育于中国革命文化，隶属于社会主义先进文化，交融于重庆本土的巴渝文化、革命文化、三峡文化、抗战文化、移民文化，主要由重庆多党合作文化、民族团结文化、宗教和顺文化、党外知识分子报国文化、阶层信义文化、海内外同胞同根文化组成。重庆统战文化既具有统战文化所固有的广泛性、包容性，又具有中国统战文化所蕴含的爱国、团结、民主、和谐等核心理念，还具有自身的鲜明特质。

一是具有鲜明的政治引领性。重庆作为党领导的统一战线工作的重要实践地，始于大革命时期第一次国共合作。几十年来，毛泽东、周恩来、邓小平等老一辈无产阶级革命家亲自在这里领导和开展统战工作。重庆谈判期间，毛泽东同志以博大的统战胸襟、高超的统战智慧、娴熟的统战艺术，宣传党的政治主张，广泛团结各界人士，为全党树立了统战工作的光辉典范。周恩来同志在中共中央南方局工作期间，高举抗日民族统一战线旗帜，在实践中总结形成了《关于统一战线的策略、方法和守则》，丰富了党的统战理论方针政策，领导开展了大后方政治、经济、社会、文化、军事等领域极为重要的统战工作，为夺取抗战全面胜利和建立新中国奠定了重要政治基础。新中国成立初期，邓小平同志主政中共中央西南局，明确提出“全党重视做统一战线工作”的要求，开展了一系列卓有成效的统战理论与实践探索，已载入党的统一战线光辉史册。重庆直辖以来，市委原书记张德江要求建立健全市级各民主党派主要负责人参加中共市委主要负责人调研等制度，市委原书记贺国强、汪洋和现任市委书记陈敏尔均要求重庆统战工作要走在全国前列，务实推动重庆统战工作初步实现了“争创一流、走在前列”的目标，切实推动重庆成为全国统一战线开展优良传统教育、深化政治交接、凝聚思想共识的首选地。

二是具有鲜明的战略坚定性。统一战线是党的战略方针，而不是权宜之计。坚定不移执行党中央的统一战线方针政策，一切以大局为重，在重庆体现得尤为突出。“皖南事变”发生后，中央判断“蒋介石似有与我党破裂的决心”，十分担心南方局干部在重庆的安危，电令“恩来、剑英、必武、颖超及办事处、报馆重要干部于最短期间离渝”，但周恩来冷静分析认为“鉴于局势的紧张复杂，重庆阵地之重要，和向国民党顽固势力展开政治进攻的需要”，反复向中央陈述“我要坚持到最后”，争取时局好转。待党中央同意后，南方局坚决执行党中央决策，既同国民党顽固派进行坚决斗争，又“相忍为国”尽可能维持与国民党的合作，从政治上击退了反共高潮，团结教育了中间势力，维护了国共合作，巩固和扩大了抗日民族统一战线。在抗日民族统一战线实践中，周恩来同志忍辱负重，抛弃个人恩怨，与曾经炮制“伍豪事件”、污蔑其声誉的张冲化敌为友，致使张冲在皖南事变后“感觉没脸见人”，痛骂国民党内反共顽固派是“奸”。邓小平同志主政中共中央西南局期间，担负着解放西藏的重要任务，他坚定提出“政治重于军事，补给重于战斗”的重要原则，坚决落实民族区域自治政策，为和平解放西藏起到了巨大作用、做出了巨大贡献。新时期新时代，全市统一战线在市委的坚强领导下，咬定目标、坚韧前行，助力完成三峡工程百万移民、振兴老工业基地等党中央交办的重大任务，众志成城、持之以恒地为把习近平总书记殷殷嘱托全面落实在重庆大地上凝聚最广泛的智慧和力量。

三是具有鲜明的历史开创性。重庆是抗日民族统一战线的前哨地、中国民主党派的主要发祥地和“政治协商”诞生地。在中国共产党的影响和推动下，民盟、三民主义同志联合会（民革前身之一）、民建、九三学社在重庆相继成立。抗战胜利后，着眼和平民主建国的历史使命，中国共产党号召“立即召开各党派和无党派代表人物的会议，商讨抗战结束后的各重要问题”，同国民党开展了艰难的重庆谈判，达成《双十协定》，力促“旧政协会议”召开，开启了各党派通过政治协商解决重大政治问题的历史先河。新中国成立初期，重庆在全国率先完成资本主义工商业社会主义改造，率先成立省级工商联组织。改革开放后，重庆在全国率先举办民主党派暑期谈心活动，至今已连续举办38年。直辖以来，重庆在全国率先实现市委、区县党委统战部部长由同级党委常委担任，率先探索安排优秀非公有制经济人士担任省级工商联主席、政协副主席，率先成立新的社会阶层专业人士联合会等，建成全国唯一的中国民主党派历史陈列馆并成为中央大统战系统多个单位的全国性教育基地，率先实现省级民主党派内部监督委员会全覆盖，率先建立非公有制经济人士接待日制度等。总之，在各个历史时期，重庆统一战线始终紧扣历史使命，不断探索创新，为党的统一战线事业发展做出了开创性贡献。

四是具有鲜明的时代进步性。在重庆发展进程中，统一战线不断汇聚一大批社会进步力量，顺应时代潮流，推动社会进步。抗日战争时期，为冲破国民党反动派对进步文艺的高压政策，南方局大力支持老舍主持、一大批进步文化人士参加的中华全国文艺界抗敌协会活动，指导南方局文委在重庆发动戏剧演出运动，不少话剧团相继在重庆演出进步话剧，几年里上演剧目达200余个，郭沫若创作的《屈原》更是轰动一时，对宣传抗日救国、团结民众、增强民族自信心起到了很大的推动作用。重庆解放后，西南最大的百货商店宝元通公司主动提出整体转变为国营企业，成为重庆市乃至西南地区的第一家国营百货公司；重庆著名实业家胡子昂捐献了自己的全部财产（包括企业及华康银行的所有股票），用于支持新中国建设。重庆在资本主义工商业社会主义改造期间，没有一个民族资本家外迁，没有一分民族资本外流，这在全国都是极为罕见的。改革开放初期，参加“五老火锅宴”的胡子昂、古耕虞响应中央“钱要用起来，人要用起来”的号召，积极投身改革开放；卢作孚之子卢国纪积极响应、主动恢复民生公司，后来又将公司70%的股权捐给国家，30%的股权收益捐给教育事业，始终紧跟时代前进的步伐。

五是具有鲜明的大义共担性。重庆统一战线历来有风雨同舟、患难与共、共担民族大义的光荣传统。1938年，“中国船王”卢作孚指挥的宜昌大撤退，以民生公司毁损轮船16艘、伤亡职员近200名、经营损失400万元以上的巨大代价，保存了中国民族工业的命脉，为中国坚持抗战直到最终胜利提供了物质基础，被称为中国版“敦刻尔克大撤退”。20世纪50年代，毛主席谈到中国民族工业发展时曾说，实业界有四个人不能忘记，卢作孚就是其中之一。重庆解放前夕，关押在渣滓洞、白公馆的36位党派成员、归国华侨为了新中国英勇就义，他们的鲜血和共产党人的鲜血流淌在一起，用青春和生命共同凝结在伟大的“红岩精神”之中。新时期，民盟盟员雷亨顺，夫妻双双患上癌症，他仍坚持长期深入三峡库区调查研究，十几年如一日为“消落带”治理殚精竭虑、献计出力，为共同保护好中华民族母亲河耗尽了生命。

六是具有鲜明的资源富集性。重庆统战文化资源十分丰富，重庆是全国首个统一战线传统教育基地。民主党派领域有民建成立旧址、农工党中央机关旧址、宋庆龄故居、潘文华公馆等，民族宗教领域有国民政府蒙藏委员会旧址、世界佛学苑汉藏教理院旧址等，港澳台侨领域有重庆抗战遗址博物馆、台湾光复纪念碑等，无党派和党外知识分子领域有郭沫若旧居、张伯苓旧居、老舍旧居、梁实秋旧居等，非公有制经济领域有卢作孚纪念馆、胡子昂旧居、刘子如纪念地等，共计180余处。这些旧址集群涵盖了统一战线各个领域各个方面，具有完整性、代表性，在全国具有唯一性、独特性，是党的统一战线法宝作用的重要历史见证，更是极为宝贵的统战光荣传统教育和爱国主义教育资源。特别是已经建成开放的中国民主党派历史陈列馆，馆藏文物24007件，其中国家一级文物33件，内存史料150余万字，历史资料图片1500余张，成为全国统战系统唯一的国家一级博物馆。

二、重庆统战文化的历史地位和时代价值

重庆统战文化是党的统一战线宝库中的璀璨瑰宝，在革命、建设、改革开放时期发挥了独特而重要的引领、开创和支撑作用。在第一次国共合作时期，中共重庆地方执行委员会在重庆解决了全国范围内没有得到很好解决的统一战线领导权问题，为党的统一战线发展提供了宝贵经验和实践样本。在抗日战争时期和解放战争初期，重庆是中共中央南方局的驻足地，是抗日民族统一战线的前哨地，是重庆谈判的发生地，大量引领性、开创性的统一战线实践，为抗日战争全面胜利和新中国成立奠定了重要政治基础。在新中国成立后，重庆是中共中央西南局所在地，卓有成效的统一战线工作，为稳定大西南、建设大西南做出了重要贡献。改革开放以来特别是重庆直辖以来，重庆统一战线充分发挥优势，开展创新实践，形成了许多新的亮点和品牌，在全国统一战线大格局中发挥了重要作用、产生了重要影响，具有特殊重要的地位。面向新时代，重庆统战文化对深入贯彻习近平新时代中国特色社会主义思想，全面落实习近平总书记对重庆提出的“两点”定位、“两地”“两高”目标、发挥“三个作用”和营造良好政治生态的重要指示要求，推进中国特色社会主义建设事业，实现“两个一百年”奋斗目标、实现中华民族伟大复兴中国梦，具有十分重要的时代价值。

（一）重庆统战文化为实现中国共产党长期执政提供了宝贵资源。加强党的长期执政能力建设，必须增强党的政治领导力、思想引领力、群众组织力、社会号召力。重庆统战文化具有鲜明的政治引领性、战略坚定性、历史开创性、时代进步性、大义共担性等特质，能够有力地引导广大统一战线成员更加牢固树立“四个意识”，始终坚定“四个自信”，坚决做到“两个维护”，为有效应对执政考验、改革开放考验、市场经济考验、外部环境考验，化解精神懈怠危险、能力不足危险、脱离群众危险、消极腐败危险，找到最大公约数、画出最大同心圆，从而为维护社会长治久安、实现祖国和平统一，巩固党的长期执政基础提供了丰富的政治资源。

（二）重庆统战文化为增强“四个自信”特别是文化自信提供了坚实支撑。坚定中国特色社会主义道路自信、理论自信、制度自信，说到底是要坚定文化自信。抗战胜利以后，中国面临何去何从的道路抉择。正是在重庆，以各中间党派为代表的广大中间力量在中国共产党的帮助下，逐步认清了国民党“一党专制”的反民主本质，充分认识到在国共两党之外走所谓的“中间路线”是行不通的，最终把民主的希望寄托于共产党并自觉接受中国共产党领导，实现了对中国政治道路选择的历史性跨越，是中国特色社会主义道路自信、制度自信的重要起源。特别是重庆统战文化根植于中华优秀传统文化，是中国革命文化、社会主义先进文化的重要组成部分，和重庆本土的巴渝文化、革命文化、三峡文化、抗战文化、移民文化相互浸润，给中国统战文化爱国、团结、民主、和谐的核心理念赋予了深厚的重庆底蕴和时代内涵，为增强文化自信奠定了强大底气、提供了有效手段、强化了思想支撑。

（三）重庆统战文化为统一战线事业持续发展提供了不竭源泉。重庆统战文化具有深刻的精神内涵和丰富的表现形式。多党合作文化、民族团结文化、宗教和顺文化、党外知识分子报国文化、阶层信义文化、海内外同胞同根文化，涵盖政党关系、民族关系、宗教关系、阶层关系、海内外同胞关系

的方方面面，能够更好地营造出团结人、激励人、凝聚人的浓厚氛围，做到润物无声、化物无形，入脑入心、提神铸魂，真正实现以文化人、以文育人、以文聚人，全面激发起广大统一战线成员的情感共鸣，凝聚形成思想政治共识，进而持续转化为不懈奋斗的内生动力，不断推动统一战线事业持续向前发展。

（四）重庆统战文化为讲好中国新型政党制度故事提供了生动教材。重庆作为党领导的统一战线工作的重要实践地、中国民主党派的主要发祥地和政治协商的诞生地，重庆统战文化因其资源富集性，是对多党合作历史的系统记述和现实的生动诠释。旧政协会议召开前，中共“主动让名额”，与民盟达成“君子协定”，双方约定在旧政协会议上步调一致、互相支持、共同斗争。通过中共和民盟在会议期间的充分协商和默契配合，最终促成会议通过“五项协议”，从实质上否定了国民党的内战政策和独裁专制，这正是中国共产党与各民主党派“肝胆相照、荣辱与共”在争取和平民主、建立新中国伟大征程中的生动实践。重庆丰富的统战文化资源都是增强多党合作制度自信、提升多党合作制度效能最为鲜活的“教科书”，用于讲好中国新型政党制度故事，特别具有说服力，具有感染性，具有无可比拟的独特优势。

（五）重庆统战文化为促进经济发展社会和谐提供了强大动力。重庆统战文化具有多党合作、民族团结、宗教和顺、党外知识分子报国、阶层信义、海内外同胞同根等独特文化基因，具有整合资源、聚合力量、弥合关系、化解矛盾、促进和谐等特殊功能与作用，是党在新时代团结制胜的重要法宝，必将激发统一战线始终坚持围绕中心、服务大局，充分利用人才荟萃、智力密集、联系广泛等优势，成为经济高质量发展的“动力源”、全面深化改革的“助推器”、社会和谐稳定的“稳压阀”，为统筹做好稳增长、促改革、调结构、惠民生、防风险、保稳定提供广泛力量支持。

（六）重庆统战文化为提升重庆城市品质内涵提供了特色载体。重庆统战文化是重庆城市文化的重要组成部分，因其广泛的开放性和巨大的包容性，是延续城市文脉、提升城市品质、丰富城市内涵、彰显城市精神的一块不可或缺的“金字招牌”，是铸就“行千里·致广大”和“近者悦、远者来”的城市魅力，是“加快建设内陆开放高地、山清水秀美丽之地”“实现高质量发展、创造高品质生活”的重要载体、有力支撑和独特品牌。

三、重庆统战文化建设的现状与问题

近年来，在市委、市政府的重视支持和中央统战部的指导帮助下，重庆统战文化建设进一步整合资源、突出重点、合力打造，建成了一批统战历史文化旧址场馆，开展了一批统战文化重点课题研究，策划举办了一系列统战文化专题展览，推出了一系列统战文化产品，取得了阶段性成果，在全市乃至全国产生了一定影响。但离“高质量走在全国前列”的要求、打造“中国统战文化之都”的目标还存在着不小的差距，尚处在加速提质的关键阶段。目前，重庆统战文化建设还存在以下问题。

（一）资源摸底不够清。从地域上看，在已统计的188处统战文化旧址中，主城和渝西片区153处，占总数的81%，调查摸底比较详尽、家底相对较清；渝东南和渝东北地区33处，仅占总数的19%，调查摸底不够深入，存在底数不够清、情况还不明的现象。从领域上看，绝大多数为多党合作旧址，达90余处，约占总数的50%，其他领域挖掘发现不够、数量相对较少。从形态上看，全市仅初步从面上摸清了保存较好的统战文化旧址，但涉及重庆统一战线人物、著述、史料文物等，还没有进行全面调研、普查、摸底。从管理上看，部分统战文化旧址的权属主体、管理体制、营运方式等尚不清晰。如黄山抗战遗址群的权属关系就比较复杂。

（二）作用发挥不够好。一是展示不多。不少统战文化旧址场馆仅做了修缮保护并未得到深度开发利用，有的开放场馆也仅对史实史料做简单展陈。除中国民主党派历史陈列馆外，其他场馆参观人数较少。如农工党中央机关旧址陈列馆缺乏资金和管理人员，平时基本处于关闭状态。二是研究不深。重庆统战文化研究起步较晚，2011年才有少量研究成果公开发表。通过知网检索，近10年来研究重庆抗战文化的学术论文有300余篇，但涉及统战文化研究的相关理论文章仅20余篇，且重复研究多、不成体系、话语权较弱。三是宣传不足。宣传意识不强，手段方式单一，整体宣传不够，特别是分众化宣传推介不到位，大多数场馆运用现代化融媒体宣传不足。

（三）特色品牌不够响。一是特色景点尚未联线。除集中展示多党合作文化的中国民主党派历史陈列馆外，其他领域缺乏横向关联和纵向整合，场馆分布零散，多数停留在“点”上，尚未形成统战特色景点联线。二是特色产品数量较少。虽然开发了一定数量的文化产品，但主要是书籍、图册、话剧等传统产品，缺乏有影响力的电视剧、电影，创意产品少，吸引力、感染力、冲击力不强。三是特色活动不多。利用统一战线重大事件、重要节点、重点人物等开展相关活动不多，互动性、参与性不强；统战文化进区县、进校园、进社区覆盖面不宽、频率不高。

（四）专门人才不够多。一是缺乏研究人才。全国统一战线专业研究人才极少，目前仅有山东大学、武汉大学近几年才开始设置统一战线学研究生学位授权点，系统跟踪、深度参与研究统战文化的人才匮乏，重庆至今更是无专门研究机构、无专业研究人员。二是缺乏展示人才。全市统一战线旧址场馆陈列布展、统战历史文化解说等专业人才很少，主要依靠中国民主党派历史陈列馆仅有的5名策划布展人员和8名讲解人员。三是缺乏文创人才。虽然我市文化领域有大量优秀的文化、文艺工作者，但缺乏了解统战文化的文创人才；同时，发现并培养统一战线相关领域优秀人才不多，鼓励支持党外人才参与统战文创产业不够。

出现这些问题，既有主观认识不深，又有客观投入不足；既有顶层设计不系统，又有基层落实不到位等多方面原因，亟待切实加以解决。

四、高质量推进重庆统战文化建设的思路和举措

高质量推进重庆统战文化建设，要坚持以习近平新时代中国特色社会主义思想为指导，按照中央和习近平总书记关于文化自信的重要指示精神，认真落实市委和陈敏尔书记关于让重庆统战历史

文化“活”在当下、服务当代的工作要求，突出总体统筹，突出特色打造，突出作用发挥，以深入实施“九个一”工程为重要抓手，整合力量，完善机制，稳步推进，力争高质量实现重庆统战文化建设走在全国前列的目标，到2025年基本建成设施更完善、形式更多样、内涵更丰富、作用更显著、影响更广泛的“统战文化之都”。

（一）坚持统筹谋划，切实把统战文化建设顶层设计“立起来”。争取市委、市政府重视和支持，以市委名义召开一次专门工作会议，把统战文化建设纳入“十四五”规划，研究制定《重庆统战文化建设规划纲要（2021—2025）》，建立全市统战文化建设联席会议制度，明确指导思想、目标要求、建设项目、经费投入、工作时限、责任分工，按照“总体规划、分步实施、先易后难、稳步推进”的工作原则，协同发力、整体推进统战文化建设。特别是要设立专项资金，滚动实施一批重庆统战文化建设重大专项，如中国民主党派历史陈列馆、卢作孚纪念馆等扩容升级。

（二）坚持分级分类，切实把统战文化底数“摸起来”。用好文旅部门文物库，依托区县、文物普查志愿者广泛开展统战文化资源普查，编制好市级和重点区县《重庆统战历史文化旧址集群名录》，按照“国家级、市级、区县级”确定好统战文物保护等级，利用好“大数据、智能化”，做好统战人物、著述、史料文物等征集和数字化工作，建立与完善市区两级数据库和动态管理机制，实现统战文化现状底数地域、领域、形态、管理四个“全覆盖”。

（三）坚持强力推进，切实把统战文化作用“活起来”。强化理论研究，建立以重庆社会主义学院、中国民主党派历史陈列馆和市级民主党派相关研究机构为主体的统战文化研究联盟，成立统战文化研究机构，定期召开统战文化研讨会，每年确定一批统战文化研究项目纳入全市哲学社会科学研究规划，出版一批统战文化著作。强化场馆建设，对已建成开放的统战文化场馆，加大统战史料挖掘、展陈展示、讲解服务等方面力度，进一步凸显统战特色、加速提质提档；对已修复未开放的，做好整体策划工作，精心制作展览，力争早日对外开放；对未修复的旧址实行先保护，待条件成熟后再修复开放。强化宣传推介，把统战文化纳入市委年度重大宣传主题，把统战文化系列讲座纳入“学习强国”重庆学习平台和市委党校主体班课程，面向市内外主流媒体定期召开统战文化建设新闻发布会，面向全社会实施统战文化“上网工程”，多层次、全方位、立体化推介展示好重庆统战文化，有效扩大重庆统战文化的覆盖面、知名度和影响力。

（四）坚持精品战略，切实把统战文化品牌“树起来”。打造统战特色景点线路品牌，把统战特色景点纳入全市全域旅游范围，科学制定好《重庆统战特色景点联线规划方案》，着力打造党的统战工作重要实践地、多党合作文化、民族团结文化、宗教和顺文化、党外知识分子报国文化、阶层信义文化、海内外同胞同根文化等7条精品参观线路，为观众提供个性化、菜单式服务。打造统战文创品牌，重点围绕中国民主党派历史陈列馆等重点场馆、“重庆谈判”等重大史实、卢作孚等重点人物拍摄电视纪录片、电影故事片、电视剧，创作大型主题文艺演出剧目，形成思想精深、艺术精湛、制作精良的重庆统战文化精品，切实让统战文化可观可感、可忆可念。打造统战专题活动品牌，策划开展“统战文化采风”活动，组织开展统战文化进区县、进学校、进社区“下基层”活动，适时“走出去”举办全国主题推介活动，推出“同心·第二课堂”现场教学系列精品课程，更好实现以文化人、以文育人、以文聚人。

（五）坚持人才支撑，切实把统战文化队伍“建起来”。整合市内外、系统内外现有文化人才力量，建立全市统战文化研究、展示、文创专家库。依托西南大学马克思主义理论、中国史等一级学科博士点和部分高校马克思主义理论、政治学、中国史等相关学科设立统一战线研究专门方向，在各级党校、行政学院、社会主义学院等定期举办统一战线专题研修班，着力培养统战文化研究人才。依托中国民主党派历史陈列馆，进行布展、解说等实岗培训，着力培养全市统战文化展示人才。依托市场运作、项目合作、人才协作等，充分集聚统战文创人才，努力形成人才强、品牌响、作用活、影响大的良好局面。

重庆统战文化旧址保护与利用研究

市委统战部、市文化和旅游研究院联合课题组

重庆是一座具有统一战线光荣传统的城市。重庆市渝中区、沙坪坝区、南岸区、北碚区、江津区等多个区域,广泛分布着承载中国共产党统一战线历史的众多统战文化旧址,是我国重要的统战文化资源集聚区。重庆对于党的统战工作和统战文化的创立、发展做出了重要贡献。保护和利用好重庆统战文化旧址,是继承与发扬中共统战文化精神、推动重庆统战文化之都建设的重要措施,对充分发挥统战文化作用、推进社会主义现代化建设具有重大意义。

一、重庆统战文化旧址的界定

(一)统战文化与重庆统战文化

统战文化是不同社会政治力量为实现共同目标而结成政治联盟过程中创造的物质财富和精神财富的总和。统战文化具有“和而不同、以德服人”的核心内涵和“开放包容、共生共存、多元一体”的精神特质,内生着多党合作文化、民族团结文化、阶层和谐文化、海内外联谊文化、宗教融合文化等为基本内容的统战文化体系。统战文化是社会主义先进文化的组成部分,社会主义先进文化的发展为统战文化的建设提供全方位的文化支撑。

重庆统战文化是指在革命、建设和改革开放时期,中国共产党在重庆与不同社会政治力量结成政治联盟过程中创造的物质财富和精神财富的总和。重庆统战文化根植于中华优秀传统文化,孕育于中国革命文化,隶属于社会主义先进文化,交融于重庆本土的巴渝文化、革命文化、三峡文化、抗战文化、移民文化,主要由重庆多党合作文化、民族团结文化、宗教和顺文化、党外知识分子报国文化、阶层信义文化、海内外同胞同根文化组成。重庆统战文化既具有统战文化所固有的广泛性、包容性,又具有中国统战文化所蕴含的爱国、团结、民主、和谐等核心理念,还有自身的鲜明特质——鲜明的政治引领性、鲜明的战略坚定性、鲜明的历史开创性、鲜明的时代进步性、鲜明的大义共担性、鲜明的资源富集性。

(二)重庆统战文化旧址的内涵与外延

旧址,指已经迁走或不存在的某个机构或建筑的旧时的地址。

重庆统战文化旧址,是指能够体现重庆统战文化内涵、与历史上在重庆范围内发生的统战活动相关的机构、建筑旧址。

重庆是中国抗日民族统一战线重要实践地、中国民主党派的主要发祥地、中国政治协商诞生地、党的统一战线工作的重要实践地,是我国统战文化资源的富集区,是一座具有统一战线光荣传统的城市。这里是中国共产党领导人毛泽东、周恩来、邓小平等与宋庆龄、张澜、黄炎培等民主党派、无党派人士人肝胆相照、真诚团结之地;是民盟、民建、九三学社、民革四个党派诞生之地和"政治协商"得名之地;这里的红岩村、周公馆、"民主之家"特园、签署《双十协定》的桂园等,更是中共统战历史著名的见证之地。众多重庆统战文化旧址承载着中国共产党与各界人士肝胆相照、荣辱与共、密切合作的生动实践和光荣传统,是重庆统战文化孕育和成长的历史见证,也是今天以及未来重庆统战文化精神传承、发扬的重要载体。

从内涵看,重庆统战文化旧址涵盖统一战线政党关系、民族关系、宗教关系、阶层关系以及海内外同胞关系等五大关系,体现由多党合作文化、民族团结文化、宗教和顺文化、党外知识分子报国文化、阶层信义文化、海内外同胞同根文化共同构成的重庆统战文化及其核心价值。

参考中共中央办公厅、国务院办公厅《关于实施革命文物保护利用工程(2018—2022年)的意见》、国家文物局《革命旧址保护利用导则(2019)》,我们认为,从外延(物质形态)看,重庆统战文化旧址主要包括:

1. 重要的统战工作机构;

2. 重要的统战人物故居、旧居、活动地或墓地;

3. 重要的统战历史事件发生地、会议旧址;

4. 统战文化相关的纪念碑(塔、堂)等纪念性建筑物。

对重庆统战文化旧址外延的界定,可以作为对重庆统战文化旧址进行分类统计、建立名录、有效保护和合理利用的前提与依据。

二、重庆统战文化旧址的重要价值

(一)民主政治价值

重庆是党领导的统一战线工作的重要实践地,是民主与独裁、进步力量与反动势力较量的重要阵地。各党派共商国是的政治组织形式在重庆创立,进而开创了通过党派协商解决重大问题的民主形式。重庆统战文化旧址,是彰显统一战线重要法宝地位和独特优势作用的窗口,是弘扬统一战线优良传统的重要载体,是中国共产党与统一战线广大成员团结合作、薪火相传的生动教材,是巩固和发展爱国统一战线的有效依托。通过多种方式挖掘、保护和传承统战历史文化资源，将统战文化内涵融入对统战文化旧址的保护、开发和利用工作中，有利于团结统战力量，凸显统战文化的引领力、感召力、渗透力，达到“爱国、民主、和谐、同心”的目的，筑牢广大统一战线成员“不忘合作初心、继续携手前进”的共同思想政治基础。

(二)革命历史价值

重庆是中国抗日民族统一战线的重要实践地，以周恩来为代表的中共中央南方局坚定地执行党中央建立抗日民族统一战线的政策，推动抗日战争取得最终胜利。重庆是我国四个民主党派，即民盟、民建、九三学社和三民主义同志联合会(民革前身)的发祥地，各民主党派在中国共产党的支持和帮助下，作为重要政治力量活跃于中国历史舞台，与中国共产党风雨同舟、肝胆相照、团结奋斗。重庆是我国“政治协商”的诞生地，开创了各党派通过政治协商解决重大政治问题的历史先河。众多的重庆统战文化旧址，对于铭记统战历史与革命历史、激励后来者奋勇向前具有深远的意义，是进行爱国主义和革命传统教育的宝贵财富。

(三)文化认同价值

作为抗日战争时期的战时首都，重庆不仅是战时中国的政治、经济、文化中心，也是当时世界反法西斯战争远东战场指挥中心。来自全国各地的爱国民主人士活跃在重庆，大批海内外反法西斯的华侨华人组织和抗日志士来到重庆，30多个国家在重庆设立了使馆，40多个国家在重庆设有外事机构，官方与民间的国际交往空前频繁，重庆成为名副其实的国际交流中心和世界反法西斯统一战线的重要阵地。重庆与台湾的深厚历史渊源也由此建立。1949年渡海去台湾岛的200多万人中，有60多万人曾经在重庆工作、生活过。重庆统战文化旧址因此承载着众多海内外华人对一个民族、一段历史、一座城市的集体记忆，面对这些历史遗迹，任何一个中国人都会生发出强烈的文化认同感与爱国主义情怀，这对于高扬爱国主义旗帜、达成海峡两岸和平统一共识、促进世界和平与繁荣具有重要意义。

(四)时代精神价值

重庆统战文化旧址是今天以及未来重庆统战文化精神传承发扬的重要载体。保护和利用好重庆统战文化旧址，也是重庆开展党的建设和文化建设的重要任务。重庆统战文化旧址形成于独特而深厚的历史背景中，承载的以“爱国、民主、团结、和谐”为核心理念的统战文化精神，在中国抗日战争时期、人民民主革命时期和中华人民共和国成立之后，在争取人心、凝聚力量以及构筑和谐共荣、团结友善的社会环境中都发挥了重要的作用。今天，这种文化精神在发挥感召力、增强凝聚力、激发创造力、提升软实力等方面依然有着独特优势，并且呈现出诸多与时俱进的现实价值，对深入贯彻落实习近平新时代中国特色社会主义思想，营造良好政治生态，坚持“两点”定位、“两地”“两高”目标、发挥“三个作用”和推动成渝两地双城经济圈建设等重要指示要求，推进中国特色社会主义建设事业，实现“两个一百年”奋斗目标、实现中华民族伟大复兴，具有十分重要的时代价值。

三、重庆统战文化旧址保护与利用现状

依据2019年统战文化旧址摸排调研，初步统计出全市共有统战文化旧址188处（见附表）。重庆市统战文化旧址数量较多，空间分布以渝中区为中心四向延伸，覆盖全市24个区县；所涵盖的旧址种类较丰富，以统战工作机构、会议旧址和重要人物故居、旧居为主；现有旧址大部分已成功申报为文物保护单位，其中国家级文保单位35处；绝大多数旧址产权权属明晰，多数产权属国有。

（一）重庆统战文化旧址基本情况

1. 区域分布

现有188处统战文化旧址分布于24个区县。按重庆市内旧址数量从多到少排列，分别是：渝中区31处、江津区26处、南岸区17处、北碚区17处、沙坪坝区13处、九龙坡区13处、璧山区13处、涪陵区9处、江北区6处、巴南区6处、忠县6处、綦江区5处、万州区4处、合川区4处、荣昌区3处、梁平区3处、万盛经开区3处、大渡口区2处、长寿区2处、黔江区1处、永川区1处、大足区1处、彭水县1处、渝北区1处。

南川区、铜梁区、潼南区、武隆区、城口县、丰都县、云阳县、奉节县、巫溪县、石柱县、秀山县、开州区等12区县暂无统战文化旧址，垫江县、巫山县尚未进行统计。而随着对重庆统战文化旧址与分类的确定，以及不排除新发现统战文化旧址的可能，上述区县也可能会有新的统战文化旧址进入统计。

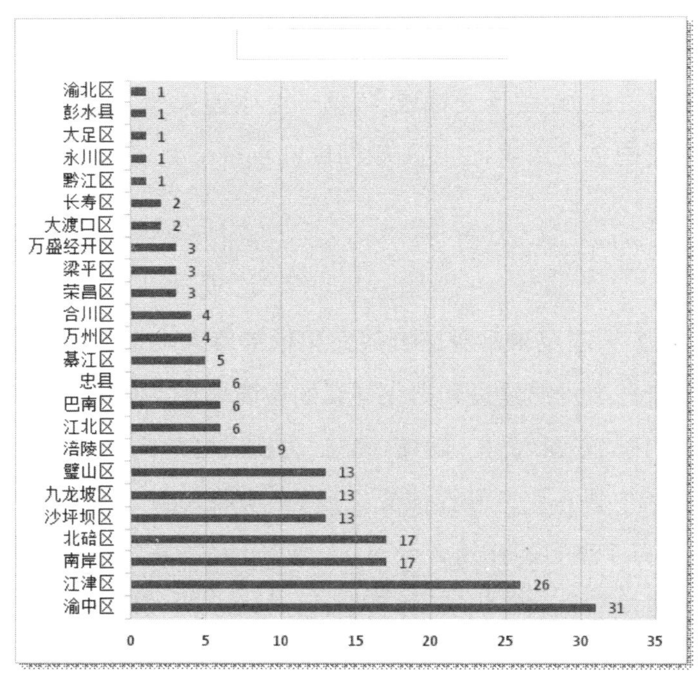

图1　重庆统战文化旧址区域分布图（一）

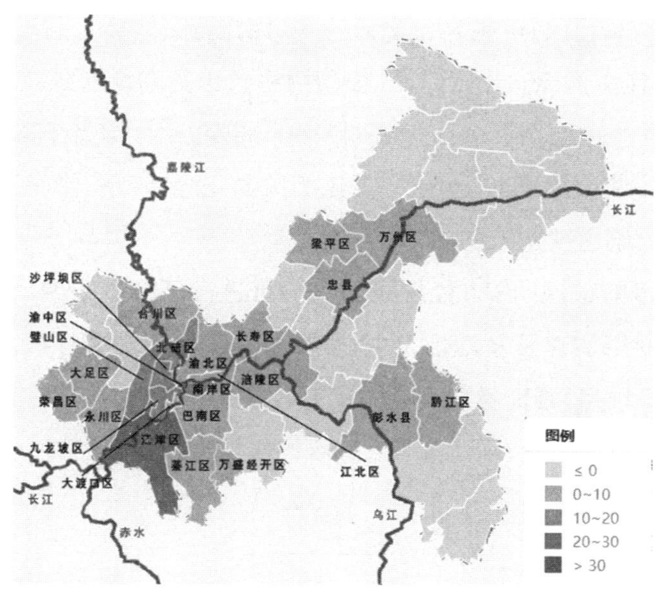

图2　重庆统战文化旧址区域分布图(二)

由上面两图可见,重庆统战文化旧址分布呈现以下特点:

其一,全市统战文化旧址整体呈现出梯级分布和集群化特点。第一梯队渝中区、江津区统战文化旧址最为富集,其次为北碚区、南岸区,再次为沙坪坝、九龙坡、璧山三区。其中渝中区统战文化旧址主要为统战工作重要机构、重要事件发生地以及重要军政人物故(旧)居;江津区统战文化旧址集中分布于白沙镇,主要为抗日民族统一战线时期文化、教育领域民主人士活动地;北碚区统战文化旧址主要为科学、教育、实业领域爱国民主人士活动地;沙坪坝区统战文化旧址主要为文化艺术领域著名民主人士故(旧)居。综上所述,统战文化旧址的集群化分布特点是进一步深入打造重庆统战文化旧址集群的现实基础和重要依据。

其二,多数统战文化旧址集中分布于以渝中区为核心的重庆主城区以及都市发展新区范围内。渝中区、南岸区、巴南区、北碚区、沙坪坝、九龙坡、江北区、大渡口区、渝北区9个区县共有106处统战文化旧址,占全市总量的56.4%。江津区、璧山区、涪陵区、綦江区、合川区、荣昌区、万盛经开区、长寿区、永川区、大足区等10个区县共有67处统战文化旧址,占全市总量的35.6%。这样的分布格局是将统战文化旧址纳入全市或重点区域全域旅游布局的有利条件。

其三,多数统战文化旧址分布在长江、嘉陵江、乌江等水道沿岸,选址多为水路交通便利之地。其分布与重庆历史文化遗址旧址、知名古镇等多有重合,适宜与周边环境结合进行整体保护、开发和利用。

2.类别统计

依据课题组对重庆统战文化旧址的概念界定与外延分类,可将重庆统战文化旧址分为四类:重要的统战工作机构;重要的统战人物故居、旧居、活动地或墓地;重要的统战历史事件发生地、会议旧址;统战文化相关的纪念碑(塔、堂)等纪念性建筑物。重要的统战工作机构是指中国共产党在统战时期的工作地点、办事处旧址及各民主党派的诞生地、固定办公场所旧址等;重要的统战人物故居、旧居、活动地或墓地包括民主党派人士活动地、爱国民主人士活动地和统战工作实践地等;会议旧址等重要的统战历史事件发生地包括各个历史时期的统一战线旧址,在现有统战旧址中尤其突出的是体现抗日民主统一战线价值的重要旧址;统战文化相关的纪念碑(塔、堂)等纪念性建筑物主要是指明确呈现重庆统战文化的纪念性建筑物。

课题组依此类别对目前掌握的188处统战文化旧址进行了分类归纳。重庆统战文化旧址以抗日战争时期与解放战争时期的建筑及地址为主,多数重大统战历史事件都发生在统战工作机构、重要的统战人物故(旧)居等地点,因而不同类别之间有较多的重合。课题组在分类时确立了以重大历史事件和工作机构优先的分类原则,得出如表1所示的数据。

表1

类别	数量(处)	占比
重要的统战工作机构	8	4%
重要的统战人物故居、旧居、活动地或墓地	100	53%
会议旧址等重要的统战历史事件发生地	16	9%
统战文化相关的纪念碑(塔、堂)等纪念性建筑物	9	5%
其他	55	29%

重庆境内统战文化遗址占比最多的是重要的统战人物故居、旧居、活动地或墓地,共计100处,占比53%;重要的统战工作机构,共计8处,占比4%;重要的统战历史事件发生地、会议旧址16处,占比9%;统战文化相关的纪念碑(塔、堂)等纪念性建筑物,共计9处,占比5%。此外,另有55处旧址不属于按物质形态划分的四类,因此占比29%的另列"其他"一类,包括截至目前尚未呈现明确统战文化意义的抗战遗址和寺院、道观、祠堂、天主教堂、洋行旧址、摩崖造像、码头等未见统战文化相关文化信息的建筑和旧址,这类旧址是否属于统战文化旧址范畴有待进一步研究。

3. 文物级别

参考国家文物局《革命旧址保护利用导则(2019)》,本研究中所指重庆统战文化旧址首先应是被登记公布的不可移动文物。现有188处重庆统战文化旧址,其文物级别统计数据如表2所示。

表2

级别	数量(处)	占比
国家级	35	19%
市级	57	30%
区县级	32	17%
未定级	64	34%

重庆统战文化旧址列入国家级文物保护单位的有35处，占比19%；列入市级文物保护单位的有57处，占比30%；列入区县级文物保护单位的有32处，占比17%；未定级的有64处，占比34%。

从目前统计数据来看，国保单位数量较少，占比较低，市级单位和区县级单位占比也不高，占比最多的是尚未定级的旧址。文保级别需要逐级申报，成功申报后，其重大历史、艺术、科学价值将得到相应的关注和认可。结合实际情况而言，重庆统战文化旧址的文保级别还有较大提升空间。

4.产权状况

根据《中华人民共和国文物保护法》规定，我国的文物主要属于国家所有，但仍有部分为集体所有和私人所有。产权归属问题是影响统战文化旧址保护利用的重要因素，产权清晰明确是开展重庆统战文化旧址修复、维护、开放和利用的有利前提。

重庆统战文化旧址的产权情况较为复杂，初步划分为国有、私人所有、企业所有、产权不明、无产权5个类别。其中“国有”是指产权权属归于各级党政机关、事业单位所有，含集体所有；“企业所有”包括国企所有、私企所有、社会团体所有等；“私人所有”是指产权明确、完整地属某业主个人所有；“产权不明”包括争议中的产权和共有产权情况；“无产权”是指现有调查统计中暂无产权权属标注的旧址。具体统计情况如表3所示。

表3

产权权属	数量(处)	占比
国有	136	72%
企业所有	12	7%
私人所有	24	13%
产权不明	6	3%
无产权	10	5%

重庆现有统战文化旧址中，产权属国有的有136处，占比72%；产权属企业所有的有12处，占比7%；产权属私人所有的有24处，占比13%；产权不明的有6处，占比3%；无产权的有10处，占比5%。产权属国有的旧址占大多数，另有28%的旧址属非国有产权。产权属国有的136处旧址在保护利用中更便于统筹规划和工作实施，产权不明的有6处和无产权的有10处旧址，在保护和利用工作进程中将面临更多的困难，更需要全面考虑和多方协调。

(二)重庆统战文化旧址保护和利用情况

从目前统计情况来看，重庆统战文化旧址的保护和利用工作开展势态良好，取得了显著的成效。188处旧址中大部分已完成修复或正在修复，接近半数的旧址已经开放利用，尚未开放利用的旧址也有约半数已经修复或正在修复，具有后续开放的基础条件。现有统战文化旧址中，有财政经费支持的有64处，有31处能自筹经费，有固定人员编制的有55处。

1.修复情况

重庆统战文化旧址的保护，根据其自身情况，主要体现在旧址修复和维护两个方面。正常情况下，旧址修复是开放利用的前提。所采用的主要方式是修缮和重建，讲究“修旧如旧”，整体复原。对统战文化旧址的修复小到局部修缮，大到主体建筑修复和周边环境打造，甚至建筑群和街巷复原，使之满足开放利用的实际要求。现有统战文化旧址修复情况统计如表4所示。

表4

修复情况	数量(处)	占比
已完成修复	94	50%
已完成部分修复	7	4%
正在修复	19	10%
未修复	68	36%

188处重庆统战文化旧址中，已完成修复的有94处，占比50%；已完成部分修复的有7处，占比4%；正在修复的有19处，占比10%；未修复的有68处，占比36%。已完成修复的旧址达半数，有少部分旧址已完成部分修复和正在修复，另有68处遗址未修复。不过未修复的统战旧址并非直接意义上的荒废，其中包括常年在使用的寺庙等宗教场所和题刻、摩崖造像等不影响开放利用的地点。调研中发现，相当一部分暂未进行修复的统战文化旧址都有拟修复计划，相信不久之后，修复情况相关数据将会有新变化。

2.经费情况

与修复情况密切相关的是经费来源情况，目前重庆统战文化旧址的经费来源主要有财政拨款、自筹经费两种途径，相关数据统计如表5所示。

表5

经费来源	数量(处)	占比
财政拨款	64	34%
自筹经费	31	17%
无经费	93	49%

现有188处旧址中，超过半数有经费来源，有财政拨款的64处，占比34%；能自筹经费的有31处，占比17%；无经费来源的93处，占比49%。财政拨款包括市财政、区财政、部队的固定拨款和按项目拨款；自筹经费包括企业投资、个人捐赠、社会资金投入等。从调查情况来看，无经费来源和经费拮据，使得许多有修复开放和利用规划的旧址受到极大掣肘。

3.开放与利用情况

目前已开放利用的旧址有84处，占比45%；未开放利用的有104处，占比55%。已开放的84处旧址中，已修复已开放的有70处，占比83%；未修复已开放的有14处，占比17%。具体如表6所示。

表6

开放利用情况	数量(处)	占比	备注
已开放利用	84	45%	已修复已开放70处，占比83% 未修复已开放14处，占比17%
未开放利用	104	55%	

已开放利用的84处旧址，利用方式主要包括陈列展示、办公用房、经营性开放等。会议旧址等重要的统战历史事件发生地主要以建馆展陈为开放方式，产权属国有的重要的统战工作机构，重要的统战人物故居、旧居、活动地或墓地，统战文化相关的纪念碑（塔、堂）等纪念性建筑物部分经修复后也以展陈形式开放，少量用于办公。

未开放利用的104处旧址，其中部分已完成修复或正在修复。相关数据统计如表7所示。

表7

未开放旧址的修复情况	数量(处)	占比
已修复未开放	25	24%
部分修复未开放	7	7%
正在修复未开放	19	18%
未修复未开放	53	51%

104处未开放利用的旧址中，已修复的有25处，占比24%；部分修复的有7处，占比7%；正在修复的有19处，占比18%；完全未修复的有53处，占比51%。事实上，已修复、部分修复和正在修复的共计的51处未开放旧址都已具备或将逐步具备开放利用的基本条件。

总体而言，已开放利用的重庆统战文化旧址数量不多，整体利用率不高，利用方式较为有限。已修复、部分修复和正在修复的尚未开放的旧址可考虑更多运作模式，以成功案例为参考，探索更加合理有效的多元利用方式。

4. 人员编制情况

除修复情况、经费情况外，人员编制情况也是影响重庆统战文化旧址开放利用的重要因素。现有统战文化旧址的编制情况统计如表8所示。

表8

编制情况	数量(处)	占比
有编制旧址	55	29%
无编制旧址	133	71%

现有188处统战文化旧址中，有编制人数的有55处，占比29%；无编制人数的有133处，占比

71%。有编制人数的旧址人员岗位包括管理人员、解说人员、看护人员等，具体岗位比例暂无统计。

（三）重庆统战文化旧址保护和利用的主要经验

一是建设统战文化基地，发挥统战文化旧址宣传教育作用。重庆市委、市政府十分重视统战文化工作，近年来由市委统战部牵头编制、制定相关规划和工作方案，明确任务、落实责任，确保统战历史文化建设有力、有序推进。其中，统战文化旧址作为统战文化载体，也是统战文化建设的重要组成部分。立足统战文化旧址的展陈与宣教作用，不断修复开放统战文化旧址，提升统战史料挖掘、展陈展示、讲解服务等方面的能力水平，以此为平台教育引导广大党员、干部坚定理想信念，面向社会大众讲好中国共产党故事、多党合作故事、民主党派故事。目前已将红岩革命纪念馆、中国民主党派历史陈列馆、郭沫若旧居等统战文化旧址建设为党校、社会主义学院的“第二课堂”。依托特园建立的中国民主党派历史陈列馆设立了全国首个中国统一战线传统教育基地，成功创建全国统战系统唯一的国家一级博物馆。目前先后有民革、民盟、民建、民进、致公党和九三学社中央在陈列馆挂牌成立盟（党、社）员传统教育基地，中央社会主义学院在此设立首个现场教学基地。截至2019年年底，陈列馆共接待国内外观众497万人次，包括全国各级统战系统和党派组织参观团2032个，各国驻华使节、外交部司局长和外国政党参访团近20个，港澳台海外参访团135个，承接全国各地社会主义学院的2000余个班在馆开展现场教学。依托西南实业大厦复建的中国民主建国会成立旧址陈列馆是全国唯一展示民建成立和发展历史的综合性展馆。开馆至今，陈列馆已接待观众812批次，7万余人，成为宣传中国共产党领导的多党合作和政治协商制度形成发展的重要场所，是民建会史教育的鲜活教科书，充分发挥了旧址以史鉴今、资政育人的重要作用。

二是打造重庆统战文化旧址集群，推动统战文化资源保护。在中央统战部的精心指导下，在市委、市政府的重视支持下，统战历史文化旧址被纳入了《重庆抗战遗址总体保护利用方案》，按照“总体规划、分步实施、先易后难、稳步推进”的工作原则，整合市区两级力量，建成了以中国民主党派历史陈列馆为代表的一批统战文化建设成果，形成了“1+4+24”重庆统战历史文化旧址集群。“1”即中国民主党派历史陈列馆；“4”即中国民主建国会成立旧址陈列馆、中国农工民主党中央机关旧址陈列馆、中华职教社社史陈列馆、台湾光复纪念碑；“24”即24处保存较好的、已修复的统战历史人物（民主党派重要领导人或著名爱国民主人士）旧居。同时，推出了《重庆统战历史文化旧址导览册》。另外，还有何香凝、巴金、章乃器等一批爱国民主人士旧居正在规划修复中。以30余个旧址场馆为重点，制定实施了《重庆统战特色景点联线规划方案》，联合打造统战特色景点联线，并纳入全市全域旅游范围。目前已规划建设出“曾家岩50号周公馆—桂园—特园—红岩村”“冯玉祥旧居—张治中旧居—郭沫若旧居—沙坪坝津南村”“中国民主建国会成立旧址陈列馆—中国农工民主党中央机关旧址陈列馆—民盟、民建、九三学社和台盟四个民主党派在渝纪念碑”等三条集研学旅于一体的景点联线。2018年至今，重庆统战文化旧址集群累计吸引观众和游客620万人次，接待各类采访团和培训班5万余个。

三是拓展统战文化旧址功能，提升重庆统战文化品牌效应。建立以重庆社会主义学院、中国民主党派历史陈列馆和市级民主党派相关研究机构为主体的统战文化研究联盟，形成一批高质量理论研究成果和《重庆统战文化研究》专著成果。其中，《准确把握重庆统战文化的科学内涵和鲜明特质》《高质量推进重庆统战文化建设，着力打造"统战文化之都"》等成果先后在《中国统一战线》《中国新闻报》《重庆日报》等主流媒体刊发。"中共早期对经济界人士统战工作研究""南方局国际统一战线工作研究""喜饶嘉措大师爱国爱教思想时代价值研究"等领域研究在全国居于领先水平。拍摄制作《风雨同舟大道行——重庆统战历史文化旧址集群》专题宣传片，展示重庆丰富独特的统战历史文化资源。以大渡口区茄子溪中学《毛泽东三顾特园》学生话剧为基础，创作一部反映党的统一战线在重庆伟大实践和辉煌成绩的主题话剧。推进统战文化知识进国民教育、进区县、进社区。整合国家邮政局发行的统一战线纪念邮票，精选、汇编反映重庆统战历史文化旧址集群特色建筑、展陈精华、相关重要人物的图片史料，出版《重庆统战历史文化图鉴》。

（四）当前重庆统战文化旧址保护和利用存在的问题

一是家底仍需进一步摸清。尽管已经建立包含188处旧址的《重庆统战历史文化旧址集群名录》，但由于对统战文化旧址的界定与分类不明晰，导致对统战文化旧址的统计还存在错漏之处。如体现国际反法西斯统一战线的旧址、体现政治协商会议的旧址，以及中共中央西南局统战工作的相关旧址并未纳入统计当中，而一些不属于统战文化旧址的地点，如一些摩崖石刻、码头、目前仍在使用的寺院，以及并无统战渊源的抗战遗址等，皆被纳入统计范畴。第三次文物普查显示，重庆现存有抗战遗址遗迹395处；根据全国革命遗址遗迹普查结果，重庆共有革命遗址941个。这些抗战遗址遗迹或革命遗址中，相当一部分都与党的统一战线实践相关，对其是否属于统战历史文化旧址，需要进一步界定与统计。此外，对进入名录的旧址，其权属关系、资金投入与使用明细等情况都需要进一步厘清。

二是文化内涵还需深入挖掘。统战文化旧址是党的统一战线历史和统战文化精神的重要载体，对统战文化旧址的内涵挖掘，特别是对旧址统战渊源的梳理，关系对统战文化旧址的界定，也关系对该旧址的保护利用方式和文化价值的呈现。从全市统战文化旧址的内涵挖掘方面看，近年来有了一些收获，但也反映出一些问题。比如在地方统战文化资源梳理与挖掘上，还需要进一步深入，特别是主城区以外的区县，均存在由于资源挖掘不足而导致统战文化旧址无法界定和统计的情况。以江津区白沙镇为例，抗战时期这里是著名的"文化四坝"之一，诸多爱国知识分子、民主人士汇聚于此，是党的统一战线重要的实践地，但目前仅聚奎中学被确定为统战教育基地，其他诸多旧址由于并未梳理出重要统战人物、活动、历史事件等资料而无法对其进行统战渊源及文化内涵的阐释。巴南区彭家大院，为国民党中央政治大学研究部旧址，1946年中共中央南方局在此创办了西南学院，也曾是九三学社的重要活动地，然而由于对其历史背景、政治意义挖掘不足，目前仅将其作为古民居进行保护和利用，其作为党的统战工作实践地、活动地的价值无法呈现出来。

三是影响力有待进一步提升。近年来，重庆市创建了全国一流的统战文化品牌——中国民主党派历史陈列馆，也形成了宋庆龄旧居暨保卫中国同盟总部旧址、卢作孚旧居陈列馆等一批社会影响大、全国知名度高的统战文化旧址。但相对于建设“统战之都”的目标而言，重庆统战文化旧址的影响力还需要在整体上全面提升。目前来看，影响力主要来自几个较有影响的单体场馆，尚未形成重庆统战文化之都的整体形象。同时，影响力覆盖面主要是在统一战线成员与民主党派成员内部，以及党政干部群体，全社会影响力亟待提升。此外，统一有力的顶层宣传规划和现代高效的推广平台尚未建立，也制约了重庆统战文化旧址整体的影响力提升。

四是旧址开放利用率有待提高。在目前统计的重庆统战文化旧址中，已开放利用的旧址84处，不足一半。利用方式主要包括陈列展示、办公用房、经营性开放等。一般而言，办公用房无法发挥旧址的宣传教育等作用，经营性开放的旧址也须视其经营内容考察其是否发挥旧址应有的作用。目前只有会议旧址等重要的统战历史事件发生地主要以建馆展陈为开放方式，产权属国有的重要的统战工作机构，重要的统战人物故居、旧居、活动地或墓地，统战文化相关的纪念碑（塔、堂）等纪念性建筑物部分经修复后也以展陈形式开放。总体而言，因为修缮或者其他问题，已开放利用的重庆统战文化旧址数量不多，整体利用率不高；有的旧址修缮了，但展陈单一、缺乏特色，利用方式较为有限，也是造成开放利用率低的重要原因。

五是旧址保护利用工作机制有待理顺。重庆统战文化旧址的保护利用需要统战部门、文物管理部门、产权人三者之间的协调统一，形成合力。从产权归属来看，重庆现有的统战文化旧址中，产权有国有的，有企业所有的，也有私人所有的，还有一些产权不明或无产权的情况，这都会对文物管理部门和统战部门开展旧址的摸排普查、评估定级以及基本保护工作造成困难。文物管理部门与各级统战部门缺乏工作协调机制，则很难实现统战文化旧址与本地、本区其他文化遗址遗迹的整体保护，以及在规划层面对统战文化旧址保护利用进行统一布局。由于多头归属，资金投入、人员保障也因此受到掣肘。目前，统战文化旧址修缮资金主要来源于国家文物保护资金，市、区（县）两级财政还没有建立投入机制，缺乏统战文化旧址保护利用的专项资金，多数旧址没有固定的经费投入和人员保障，很难全面推动统战文化旧址的修缮保护、日常维护以及运转。

四、对重庆统战文化旧址保护与利用的建议

（一）重庆统战文化旧址保护与利用面临的新形势

党的十九大和党的十九届四中、五中全会提出，要把握时代发展大势，立足我国发展新的历史方位，要巩固和发展最广泛的爱国统一战线，坚持大统战工作格局，并做出了系列部署，为做好新时代统战工作进一步指明了方向。陈敏尔书记对重庆统战文化保护提出的“让重庆统战文化活在当下、服务当代”的重要指示，为重庆统战文化保护与利用提出了新的要求。当下，我国的主要矛盾是人民

日益增长的美好生活需要和不平衡不充分的发展之间的矛盾。中央对文物工作重视程度不断提高，党的十九届五中全会就传承弘扬中华优秀传统文化、加强文物保护研究利用做出部署安排，为如何增强重庆统战文化底蕴、凝聚人心、汇聚力量、实现中华民族伟大复兴提出了新的要求。随着我国科技水平的不断提高，互联网、VR、AR、区块链等新技术在文物保护中运用，给挖掘、保护、利用重庆统战文化资源带来了新的挑战，同时也提供了重要机遇。

（二）重庆统战文化旧址保护与利用的基本原则与整体思路

1. 基本原则

坚持保护第一。统战文化旧址是不可再生、不可替代的宝贵文物资源，要始终把保护放在第一位，坚持系统性保护，引导全社会增强对统战文化的敬畏之心，各级党委和政府树牢保护统战文化旧址资源责任重大的观念，全面开展重庆统战文化资源调查，摸清家底，加强研究，提升统战文化内涵；强化统战部门守土尽责的使命担当，严格依法保护，牢牢守住文物资源安全底线。

坚持合理利用。坚持为人民保护、为人民利用，让重庆统战历史文化“活”在当下，服务当代，推动统战文化资源要素集聚，正确处理统战文化旧址保护与城乡建设、旅游开发、经济发展的关系，加强统战文化创意产品开发。

坚持创新发展。推动“文化+大数据”体系建设，利用现代科技手段对统战文化进行数字化保护、加工、展示，创新统战文化内容传播方式；深入推动统战文化旧址保护利用与旅游融合发展，设计以统战文化为主题的精品旅游线路。

坚持整体培育。要整体谋划、总体统筹、特色打造，做好顶层设计，制定重庆统战文化旧址保护与利用规划；要整合力量、协同发力，分步实施、整体推进重庆统战文化建设；要积点成线，积线成片，把零碎资源，富集成整体形象。

2. 整体思路

以习近平新时代中国特色社会主义思想为指导，全面落实习近平总书记关于文化自信的重要指示精神，认真落实市委和陈敏尔书记关于重庆统战历史文化“活”在当下、服务当代的工作要求，全面加强党的领导，坚持保护第一、合理利用、创新发展、整体培育的原则，推动重庆统战文化高质量发展，以满足人民日益增长的美好生活需要为根本目的，深刻把握重庆统战文化内涵，突出整体谋划、整体推进，利用好相关政策资源，深入实施重庆统战文化旧址保护与利用七大工程，落实重大项目，并对接全市“十四五”时期文化改革发展规划、文化和旅游发展规划等，推动重庆统战文化建设，加快重庆成为设施更加完善、形式更加多样、内涵更加丰富、作用更加显著、影响力更加广泛的“中国统战文化之都”。

（三）重庆统战文化旧址保护与利用的主要措施

1. 实施统战文化资源调查工程，夯实重庆统战文化旧址目录体系

按照文物调查标准，制定重庆统战文化资源调查工作标准，建立资源调查机制体制，深入开展统战文化资源调查工作，进一步摸清全市统战文化资源的保护与利用、展览展示、对外宣传、权属关系等基本情况，建立重庆统战文化旧址目录，并实时发布；加强与各级文物保护部门的协调与联系，做好统战文化旧址的资源分类和综合评估，对统战文化旧址的相关文物进行评估定级，并积极申报国家文物保护单位和市级文物保护单位；加大对统战人物、相关著述、史料文物等资料征集力度，丰富统战文化旧址保护与利用的文化内涵；加强对统战文化资源的数字化处理，建立完善的统战文化数据库，主动与文物数据库互联互通；编制《重庆统战文化旧址保护与利用规划》，力争纳入重庆市专项规划范畴。

2.实施统战文化旧址保护工程，增强重庆统战文化底蕴

针对重庆统战文化旧址保护实际，按照分级保护的原则，与业主单位、文物保护部门建立好保护机制和制度，实施好文物保护监督机制，切实做到保护的科学性、可行性和有效性；加大对统战文化旧址的保护工作力度，按照统战文化旧址原貌实施恢复性修建工程，并划定统战文化旧址的建设控制地带；根据统战文化旧址的修复情况，加大对已修复的统战文化旧址的宣传力度，做好策划、精心布展，推出主题性展陈，加快对外开放；加大力度排查统战文化旧址的安全隐患，健全安全责任体系，完善安全设施设备，强化文物火灾隐患排查整治，增强火灾防控能力，建立起统战文化旧址安全和违法预警系统；持续加大打击统战文化旧址相关文物犯罪力度。

3.实施统战文化系列研究工程，丰富重庆统战文化内涵

推动统战文化旧址管理机构积极会同重庆社会主义学院、重庆红岩干部党性教育基地等有关研究机构，建立统战文化研究联盟，在充分吸收党史、军史最新研究成果基础上，加强对统战文化旧址核心价值的研究工作，提炼旧址定位与主题，丰富重庆统战文化内涵，发挥其资政育人作用。根据产权情况，重点开展统战文化旧址分类管理及保护利用研究；根据旧址价值、特征、保存状况和现实需求等因素，加强对统战文化旧址的分类保护与利用研究；加强对统战文化旧址历史环境的研究，研究辨明反映统战历史的重要信息以及具有标识性的地形地貌、植被水体、历史建筑、设施、街巷格局与肌理等要素，突出展示旧址本体与重庆城市历史文化的联结性；加大对重庆统战文化历史名人及其后裔的梳理研究，尤其是加强对海外华侨华人的梳理；着力将中国民主党派历史陈列馆等相关全国重点文物保护单位建设成为全国统战文化专题研究中心。

4.实施统战文化宣教工程，构建新时代全国统一战线教育基地

整合重庆统战文化资源，依托重庆作为全国统一战线传统教育基地的优势地位，加强统战文化宣传教育，着力构建新时代全国统一战线教育基地。设立重庆统战文化全国性干部学校，开设全国统战干部、党外人士培训课程；依托统战文化旧址，争取设立中央社会主义学院在渝的教学实践基地；推进统战文化“进党课”，开发重庆统战文化主题的精品教材、课件，争取在全国社会主义学院教育课程中融入重庆统战文化专题学习课程；推进统战文化“进高校”，在全市高校校园打造“统战文化进校园”文化墙，开设统一战线、民族团结、爱国主义教育文化知识讲堂，举办校园主题活动；推出统战文化主题纪念日，选取民主党派成立日、重大历史事件发生日、重要会议召开日等，以中国民主党派历史陈列馆为主体，联合各大民主党派纪念馆，推出纪念主题活动、主题展览；依托“重庆统战”“特园”等主要统战文化宣传教育新媒体平台，创新宣传理念和宣传手段；注重加强国际传播，精选反映中国统战文化、重庆统战文化的出版作品、文艺作品，并进行译制，向海外人士解读中国统战文化、中国特色社会主义制度，讲好统战故事，传播新时代统战声音。

5. 实施统战文化品牌培育工程，提升重庆统战名城影响力

依托统战文化旧址，设计重庆统战文化的统一视觉识别系统，邀请与旧址相关的在世名人或其后裔，为重庆统战题字，并设计制作文化标识，从而在全国树立重庆统战文化品牌符号，增强品牌辨识度；努力形成一批统战文化文艺创作成果，引导推出一批围绕统战文化旧址、名人故事为题材的文艺演出、影视作品，拍摄重庆统战名城主题形象片，提升品牌影响力；开展系列统战文化品牌活动，举办历史文化名人思想、学术研讨会，做好旧址文章，组织民主人士、宗教团体、海内外统战名人及其后裔前往统战文化旧址进行参观、学习、瞻仰，推动大使馆旧址、国际友人旧居等有条件的旧址打造文化展示、对外文化交流空间；增加保障机制，制定政策，设立全市统战文化基金，开展市级统战文化基地评选，提高统战文化旧址及其管理人员投身重庆统战文化品牌培育工作的主动性和积极性。

6. 实施统战文化文创开发工程，促进统战文化创造性转化

加强统战文化文物资源梳理与共享，建设历史文化资源信息库和创意资源数据库，收集整理一批具有开发潜力的文物、文字、珍贵历史老照片等数据资源，并依托可移动文物数据共享平台、公共文化物联网、互联网等渠道与社会共享；依托版权保护中心和其他版权交易平台，对接旧址文化文物资源知识产权专业保护、鉴定评估和许可授权服务，促进统战文化文物资源的社会共享和深度开发利用；依托统战文化品牌培育工程，打造重庆统战文化创意产品开发平台，吸引文化创意企业，鼓励与旧址相关的文化文物单位授权企业开发经营，采取限量复制、加盟制造、委托代理等多种形式进行文化创意产品开发，鼓励文化文物单位自主投资设立经营性企业或与社会力量合资合作设立企业；提升文化创意产品开发水平，利用网络平台、媒体渠道、社会组织等，开展文化创意产品设计方案征集、创意产品设计比赛，推动设计作品成果转化和应用；立足重庆统战文化文物资源特色，将文创产品积极融入世界反法西斯战争、抗战大后方、三峡文化、巫文化、巴渝特色等主题。

7. 实施文旅融合发展工程，打造重庆统战文化旅游精品

找准统战文化旧址融入重庆文旅发展的结合点、切入点，将全市统战文化宣传展示阵地积极融入大都市、大三峡、大武陵三大特色区域旅游目的地打造中，融入“中国历史文化名城”名片打造中。推出统战文化红色旅游主题线路，打造统战文化旅游精品路线，为文旅融合发展提供重要支持；打造重庆统战文化主题研学旅游路线，以文旅融合促进统战文化传播与发展；积极参与全市红色旅游建设，加强与重庆市全国爱国主义教育基地的合作，选取部分体现该主题的旧址纳入红岩革命历史博物馆研学旅游示范基地；结合全域旅游战略，选取渝中区、沙坪坝区、南岸区、北碚区、江津区等统战文化旧址数量多、级别高、位置集中的区县，深入打造主题式统战文化旧址集群。

窥视与窃听:隐秘视角下《长生殿》的戏剧性形塑

周玮璞
(西南大学文学院)

摘要:中国传统叙事文学中经常使用"窥视"与"窃听"情节处理剧情,戏剧则更因为其独具的表演性而对此类情节情有独钟。在明清时期诸多有类似情节的戏剧作品中,尤以传奇《长生殿》对"窥视"和"窃听"的应用最为成熟,不仅应用的次数较多,而且有着丰富多样的艺术手法安排。"窥视"与"窃听"属于人潜意识中的固有欲望,因在现实中不易得到满足而在文学作品中得到了大量书写。当其应用于文学文本时,除了作者和读者心理意义上的满足外,在文本的情节结构塑造上也有着极为重要的作用,为文学书写提供了独特的视角和情节排布空间。在兼具文本性和表演性的戏剧题材中,这两种手法又可以通过特殊情节的舞台表演而形塑着观众的独特戏剧观感。本文即以《长生殿》为对象,简要分析归纳剧中的"窥视"与"窃听"情节,并在此基础上分析其对该剧的剧情结构和观众观感两方面的戏剧性塑造作用,以揭示这两种隐秘视角的私人书写经验在戏剧中的独特形塑作用。

关键词:《长生殿》;窥视;窃听;戏剧性;叙事视角;戏剧观感

"窥视",指在被观看者不知情的前提下进行的视觉的聚焦①,具有明显的视角痕迹②;而"窃听"指完全依靠听觉在他人不知情条件下进行感官对焦。"窥视"与"窃听"相结合,形成叙事文学中的独特视角。由于这类潜意识中的固有欲望被伦理限制在现实中难以得到满足,只能通过文学书写进行臆造,"窥视"与"窃听"的书写在中国传统叙事文学中屡见不鲜。而除在小说等叙事文学中应用外,当其应用到戏剧这一既具有一般叙事文学性质又独具表演性的艺术形式中时,更是产生了诸多独特的艺术效果。心理学常着眼于其内心情感诉求,分析窥视心理的心理动因与精神快感;而从文学艺术角度着眼,这种独特性主要体现在文本情节架构和表演观感塑造两方面。

由于"窥视"与"窃听"行为主要源于心理驱动,需要心理学理论作为研究支持,并且常被视为司空见惯的文学意象,因此中国古代文学中的相关研究近些年才初步发轫。相关著作主要是对于文本的"窥视"行为书写进行深层次的心理探析,如吕立亭的专著《人物、角色与心灵:〈牡丹亭〉与〈桃花

①雷捷.窥视:一种叙事视角的艺术价值分析——以《金瓶梅》为中心[J].河南理工大学学报(社会科学版),2019,20(1):94.
②张燕.窥视的艺术情蕴——从《金瓶梅》到《红楼梦》的私人经验之文本呈现[J].红楼梦学刊,2007(3):322.

扇〉中的身份认同》、西南大学杨惠云的学位论文《唐诗中的窥视叙事研究》等，都是从心理学角度出发分析其情感驱动和快感满足；只有少数论著关注到了“窥视”书写在文本塑造中的意义，如雷捷的《窥视：一种叙事视角的艺术价值分析——以〈金瓶梅〉为中心》，运用叙事学理论分析了“窥视”作为视角的作用。而前人这些论述主要集中于对传统叙事文学——小说的研究，很少涉及传统戏剧层面，从艺术角度关照到“窥视”视角在戏剧文本乃至表演中的结构和观感作用的论述更是绝见。且更多的是将“窃听”置于“窥视”的附属下进行论述，未能具体阐述二者相互分别又结合共生的多维度感官效果。因此，本文即以《长生殿》为具体文本，着眼于“窥视”与“窃听”的艺术作用及其在表演中的戏剧性观感的多维塑造，以探究这一独特视角在戏剧这一兼具文本性和表演性的文本中的运用，分析其中大量“窥视”与“窃听”情节在文本书写的戏剧性情节架构和兼具舞台性与表演性的文艺形式中的艺术形塑作用。

洪昇在剧中对“窥视”和“窃听”有强烈的刻意书写痕迹，在相关剧情的曲白或表演提示中反复强调这一视角的存在。《长生殿》的戏剧情节大都有前代相关作品为基础，“窥视”与“窃听”的书写在《天宝遗事诸宫调》就有所涉及，但远不如《长生殿》中的有意描写。洪昇通过表演程式示意和曲白表述，不断向演员和观众强调着这一对宫闱秘史“窥视”与“窃听”的视角：如第十四出《偷曲》李謩说躲在宫墙下“窃听一回”；第二十一出《窥浴》中二宫娥相邀“虽睹娇容，未窥玉体。今日试从绮疏隙处，偷觑一觑何如?”然后又在唱词首句明言“悄偷窥”；而《春睡》和《窥浴》在动作提示中也反复说明“窥介”的表现。由此可见，剧作者通过刻意的窥探书写，安插了剧情各异又丰富多彩的“窥视/窃听”情节，并运用多种艺术手法进行结构，由此也造就了其超额满足观众观感的精彩情节。

一、《长生殿》中“窥视”与“窃听”的表现形态

中国古典戏剧对于“窥视”和“窃听”的表现一般是将舞台分为两部分分别呈现，或在中间以简单的布景隔开，或纯以演员行为加以表现。这样，观众一边可以直观地看到被窥视/窃听者毫不知情的行为，一边又可以清晰地感受到窥视/窃听的举动，并在其表演和唱白中自觉代入其视角。这样，对情节的全面把握与窥窃观感的代入相结合，共同构成了如下几种表现形态。

1.窥视

《长生殿》中的窥视主要包括以偷窥他人情感活动为主，并延伸到对一系列由情感引起的行为的窥视，这一种窥视的行为又可以根据被窥视人的情态，按从情感到肉体的过渡程度具体分为三类。

第一种是单纯对人心理情感的偷窥，也即是“窥情”。脂砚斋在批点宝玉窥听黛玉葬花时称之作“情聆”，亦是指这种窥视情感的行为。这种通过偷窥来探听、揣摩被窥探人情感的形态在中国传统戏剧的书写中是极为常见的。如《西厢记》中红娘传书躲于屏风后窥视崔莺莺的情感活动，《玉簪记》第十六出《寄弄》中书生潘必正也是虚说离开而偷偷躲在门外窃听陈妙常对自己的感情。这种“窥情”的模式在《长生殿》中有了更广泛的体现：《长生殿》中既有传统的男主角对女主角的“窥情”，如

《密誓》一出中，唐明皇听见杨贵妃在长生殿乞巧，即要求“内侍每不要传报，待朕悄悄前去”而“潜上窥介”，以此侧面视角引出了祝祷拜月的杨玉环。在此出中，除了男女主角间的窥视外，还隐嵌有一层外部的“窥情”，即是在本出首尾出现的牵牛织女，以“上帝视角”的“窥情”，两人在篇首展现其全景式角度的“窥情”，紧接着退居幕后，将“窥情”的主体让位于唐明皇，又在出末出场收束，提醒观赏者其“上帝视角”的存在，并铺垫剧情。两重“窥情”互相嵌套而轮流展开，主次分明地完成了戏剧性的塑造。

第二种是带有一定肉体隐喻的对身体外貌的窥探，可称为“窥色”。这种窥探的行为是人类对美的欣赏的必然产物，在具有一定的情色隐喻的同时又保持了其纯洁性，甚至还带有淡淡的诗意色彩。在中国古代以男权为中心的话语体系下，不可避免地会带有物化女性的倾向，因此，《长生殿》中“窥色”情节的被窥视者都是美貌的女子。首先文章展开的是主角间的“窥色”，第四出《春睡》即通过唐明皇的窥探视角为观众展开了一副传统意象中极为常见的“美人春睡图”。唐明皇在听说杨妃仍在困睡后不让宫娥惊她，而是悄然揭帐偷观，从唐明皇的视角展开了对杨妃形貌的窥视，杨妃的美貌与周围环境融为一体，在“一片美人香和”中蕴藉出温存的诗意。除此外，剧作者还以二元对立的手法为男女主角间的“窥色”投射出一个镜像，这即是后一出《禊游》中安禄山对三国夫人的“窥色”，安禄山偷偷傍香车厮混，借机“馋眼迷奚”地偷窥了车中夫人的绝代风神。同样是窥视美貌，但由于其正当性的不同，导致了其故事情节和情感氛围的双重差异。

第三种即是纯粹的肉体和欲望触发下的窥视，作品文本中往往表现为性欲等多种因素驱动下对他人性行为的窥视，可称为“窥性”。《南西厢》在“月下佳期”中便借红娘的窥视视角展现了张崔二人的云雨过程，《长生殿·窥浴》一折虽然未描写真正意义上的性行为，但其露骨程度和性意味却足与之比肩。由宫娥的“偷窥”视角入手，描写唐明皇和杨妃共浴的隐事，着重对其肉体和行为进行细致展现，言语露骨，尽情形容，使观众仿佛身临其境地被代入“窥性”视角内。

2. 窃听

虽然一般认为“窃听”是附属于“窥视”中的，但《长生殿》中也有单纯的对于“窃听”情节的单独描写，而其窃听的内容不是传统书写中的床第之事或机要密谋，而是一个雅好音乐的人在窃听秘闱宫乐。音乐家窃听乐曲的故事并非孤例，《琴书》便提到了袁孝尼窃听嵇康弹《广陵散》并摹得三十三拍的故事。而窃曲题材在《长生殿·偷曲》中则有了更为丰富的描写：李謩暗潜于宫墙外，窃听宫内奏乐，按谱而记，作者以其为视角展现了一出精彩的“窃听”戏。而在观众眼中，舞台上分为两部分同时表演宫墙内外的情节，不过作者通过剧情视角的切换，将观众本应落在宫墙内歌舞升平场景的关注点转移到宫墙外的李謩处。由他为主视角结构剧情，使观众在保持了上帝视角的同时，不自觉地被代入“窃听”这一主视角，产生了“窃听”的紧张感以及由此产生的快感。

二、“窥视”与“窃听”的戏剧性情节构筑

“窥视”与“窃听”视角在文本书写中的大量出现并不只是一般观念上的欲望驱动那么简单，文学来源于现实而又高于现实，则作家在构建文本时除了受到基本情感的驱动外，更需要通过理性思维来规整情感，排布剧情。因此，剧作家在书写每一个“窥视”或“窃听”时，都有其内在隐含的情节结构作用。这种特殊的结构作用在满足了“窥探”的情感书写和表演需要外，更在文本情节的塑造中发挥了重要的形塑作用。

首先，“窥视”与“窃听”为戏剧情节的书写提供了更为广泛的视角，打破了单一视角的乏味性，也完善了文本的结构。这种视角的拓展在《长生殿》中有着多方面的表现。第一，“窥视”与“窃听”为剧情的架构提供了一种旁观者角度，通过零度聚焦形成了别样的“上帝视角”，以展开对戏剧情节的全景式书写。如果故事情节一直在男女主角间进行视角切换则必然导致书写单一，在某一视角中只能单独描写一人的行为情感，无法同时书写男女主角在同一情节中的各自举止；而单纯地以第三者视角通过旁白等手法进行侧面转述又难以贴实切入主角的情感细节，更无法使观众贴切地融入剧情。因此，就需要一个可以正面展现剧情发展的外视角，而窥视情态下的“上帝视角”正可以满足全面而贴切展现剧情的需要。如前文所列的《密誓》一出，剧作者首先以牛郎织女的另类“窥视”开启了一个上帝视角，在视角构建完成后又旋即退场，将舞台让位给李、杨二人推进剧情，而此时观众便可以自觉地代入之前已构建好的上帝视角，由此，李、杨二人玩月、盟誓的一举一动和每个人的心理感情都在观众以“上帝视角”的窥视下顺利展开。此外，只有“上帝视角”才可以对故事进行预测，作者在此安插了牛郎织女的窥视，并借其窥视的上帝视角预判了李、杨二人的爱情和命运。观众在剧中本就是“上帝”，以之展开对李、杨二人每一个行为与情态的书写和命运的预判，而这个上帝视角却因为依托在作者事先安排好的“窥视”剧情中显得合情合理。

其次，“窥视”与“窃听”在戏剧表演中还可以构架起互相联系的双线剧情结构，在舞台上使两部分同时发生的情节双线并列进行又得以互相转换交织，形成剧情严密而主次调节的双螺旋结构。“窥视这一动作的描述，将原本完整的叙事场景切割，一分为二。因叙事焦点的不同，使读者视角呈现出内结构与外结构。反映到作品中，即为窥视者与被窥视者之间的阻隔物——墙、窗、槅子门等，使得叙事空间被分隔为室内空间和室外空间两部分。”①但与普通的叙事文本不同，戏剧却往往将窥视者与被窥视者分别的空间同时在舞台上进行展示，却通过演员表演展现出“观察者可以毫不费力地进入各个人物的内心世界，而人物彼此间却互不了解”②的情态。这种双螺旋结构在《西厢记》中便已经有了广泛的体现：《西厢记》在第一折就叙述了张生偷窥莺莺游园的剧情，两人在舞台上互不相见，而念白交错进行，并由张生主唱。一边是见到美人的惊艳与痴呆，一边是游春玩景的欣悦，两个主角的行为与情感在舞台上各自呈现，又通过“窥视”视角紧密联系，在观众面前展开。而《长生殿》中“窥

①雷捷．窥视：一种叙事视角的艺术价值分析——以《金瓶梅》为中心[J]．河南理工大学学报（社会科学版），2019，20（1）：98.

②胡亚敏．叙事学[M]．武汉：华中师范大学出版社，2004：25.

视窃听”的双螺旋结构应用的艺术性则有了更为明显的提高，在《偷曲》中，舞台上同样双线展开剧情，在两边分别进行着奏曲与偷曲的环节。可作者有意将视角放置在看似平淡的“窃听”一方，从宫墙下平淡冷寂的视角主唱，通过其窥视的视角向观众解说舞台对面一派箫韶乐令的景况。而本来热闹的乐奏场面却成为场景的穿插与背景音乐。观众可以看到舞台另一端的繁攘，也可以听到繁弦急管的吹奏，但其主视角还是不可避免地被主唱者吸引，进而产生了一种“窥视”的心态。而这种窥视视角下展开的双线结构，不仅满足了观众心里固有的“窥视”快感，更在舞台上实现了冷热的翻转与调剂，冷中带热，热中带冷，使冷热都不至于太过极端，这是《长生殿》以“窥视”视角构建双线结构的独到之处。

此外，“窥视”和“窃听”环节的应用还可以有效地完成情节的详略书写对比，满足了情节的重点突出和排次需要。因为篇幅的体量限制和主次要剧情的结构安排，剧作家在情节书写时必须注意到情节比重的占用，以详略书写对比来在保证情节完整性的同时突出主线剧情，“窥视”与“窃听”视角的应用也可以一定程度上满足情节详略书写的需要。如《密誓》中关于牛郎、织女窥视李、杨誓愿的剧情，因为剧情的前后发展和呼应的需要，必须使牛郎、织女得以闻听七夕盟誓，作者巧妙地安排了牛郎、织女二人“窥视”盟誓这一情节，不仅避免了书写牛郎、织女二人或下凡或显灵这种既烦冗又不符合情理的情节，使这种必要的副线剧情被精练地表现出来，更构建了天上与人间两层场景，形成独特而新奇的上帝视角“窥视”。文本的详略安排是一个司空见惯的话题，可是“窥视”与“窃听”视角的特殊应用可以为传统的详略书写方法提供一个翻新出奇的角度。

窥视视角下详略书写的另一种表现——隐显情节，也是“窥视”与“窃听”所独有的一种文本表现形式。除了上帝视角式窥视外，一般情况下窥视的视角总是有所见又有所阻隔的，可见部分的“显”构筑了情节内容与心理快感，而不可见部分的“隐”则更多的留给人无尽的遐想空间。如在《窥浴》情节中，读者通过宫娥的视角“窥视”到杨贵妃的“双蓓蕾”“小麝脐”，“窥视”到帝妃二人“恨不得把春泉翻竭，恨不得把玉山洗颓”的性隐喻行为，在露骨的描写中仿佛身临其境，获得了内心深处的“窥视快感”，却又因为隔窗小孔窥视视角的限制，不得不通过臆想来补全窥视留下的空白，臆想周围淫靡香艳的环境，臆想没有书写到的身体意象，臆想窥视被打断后无法窥知的后续情节……这种观察范围的限定，除了可以避免书写过于敏感而难以展现的情节外，更为文本留下了具有无穷趣味的悬念和空白。窥视视角下隐显的情节书写，既通过可见部分满足了窥视的可能以及由此产生的心理快感，又以窥视阻隔下不可见的部分留足了余味。

三、“窥视”与“窃听”的戏剧性观感塑造

在纯叙事文学作品中，“窥视”与“窃听”总是相伴而生的，“窃听”的听觉感受被附丽统摄于“窥视”的主视角感受下，由纯文字塑造视听觉感受。而中国戏剧独特的舞台形式则为其独立而不孤立出现提供了可能性：表演性是戏剧的首要性质，文本是为表演服务的，观众是戏剧环节的中心。由于

戏剧的表演性和视听觉双重感官刺激，“窥视”与“窃听”既可以结合表演，也可以分别作为情节出现，而在表演过程中，二者单独出现也只是对观众某一方面感官进行心理暗示与强调，舞台上的动作表演和曲白演唱依然会同时进行，满足观众视听结合的立体性观感。戏剧情节的安排需要考虑其对观众观感的影响，因此不同于一般叙事文学，戏剧中的“窥视”与“窃听”情节应用在突出重点的同时会进行立体式多感官的塑造。

首先，“窥视”与“窃听”在舞台演出中满足了观众的“窥视”心态，产生了心理快感。在小说等一般叙事文学中，“窥视”与“窃听”的应用本就可以满足读者的心底压抑掩藏的窥视欲望，而在戏剧中，由于其剧场环境特征与表演效果，这种“窥视”产生的一系列快感会成倍翻升。不同于发生在书斋封闭空间的文本阅读形成的私人观感，戏剧观赏往往都是处于戏台/剧场这一个半封闭式的大环境中，并且观赏者也通常不是一人而是数十乃至上百人，在这种窥视环境下，观众产生的就不仅仅是单纯的心理快感与好奇心了。在剧场环境中，每一个窥视/窃听者都会发现窥视/窃听行为并非其一人进行，而是这个空间中所有人同时进行的行为，由此产生心理学上的从众以及责任分散心理，既产生了禁忌行为造成的心理强烈刺激，又减轻了其心底固有存在的伦理道德意识回响的愧疚感。与之对立的，同样是半封闭空间的多人观看，观众在窥视的过程中，总是会不可避地觉得自己的窥视行为也处于他人的窥视下，这种他人的窥视来自其身边的每一个人；并且，其自身在窥视舞台的同时也在不自觉地、“心虚”地频繁关注着旁人的目光，而因此也形成了对旁人的窥视。拉康在评论萨特对“凝视”的观点时认为“从这个凝视存在的那一刻起，我已经是某个他人，因为我觉察到自己正在成为他人凝视的对象”①，具体到“窥视”视角来看，正是这种互相间的“窥视”产生，使观众间具有了一种情感的共通。这种“窥视被窥视”和“窥视窥视的窥视”的交织，会将其窥视的违禁快感与担心违禁被窥见的恐惧感同时推向顶峰。这种情况主要发生在具有情色意味的窥视中，如《窥浴》一出中对帝妃二人沐浴的窥视，观众无法直接观感到，只能通过窥浴宫娥的唱词和表演窥视到，观众在窥视宫娥的窥视，同时每一个观众又被其他观众窥视着，也窥视着其他观众，由此产生了窥私尤其是窥性的极大快感与违背道德的愧疚、恐惧的强烈交织。这种半封闭环境下共同进行的窥视行为，除了统一聚焦在舞台中心的被窥视者身上外，各个窥视主体间也互相进行着隐性窥视，构成了层层嵌套的窥视观感，较之文本层面的单纯私人窥视，更加强了窥视心态满足与违禁羞愧情绪结合的心理快感。

并且，《长生殿》的戏剧剧情本就适宜“窥视”与“窃听”情节的书写，对李、杨二人爱情这一千古“宫闱秘事”的展现，在满足了观众固有的心理快感的同时，更因其故事的发生地点——宫廷，而使观众产生了一种更强烈的好奇与快感。封建社会的百姓对于至高而又神秘的皇权本就有又敬又畏的心理，因此其不可避免地对宫廷生活有着极强的好奇心与窥探欲望；而现代观众因为时间的距离也对当时的宫廷生活抱有关注的兴趣，这种对皇权的好奇与固有的窥视心理快感叠加，使《长生殿》的“窥视/窃听”书写有了强烈的观感期待作为基础。

①吴琼.雅克·拉康：阅读你的症状[M].北京：中国人民大学出版社，2011：547.

其次,“窥视”与“窃听”在舞台演出中切合并延展了观众的欣赏视角。在观赏戏剧表演的过程中,观众本身即处在一种第三者视角来窥视整个故事情节,而由此戏剧表演中的“窥视”视角就与观众的固有视角相互链接融合起来,成为观众“窥视”视角在舞台上的再度延伸。有时窥视会通过非聚焦型表现为上帝视角的形态,这就与观众在戏剧中的固有存在角度联系在了一起。在戏剧表演中,观众永远处于一种上帝视角的位置,有许多情节剧中人物或许互不知情,但观众可以通过其分别表演清楚地了解。如在《密誓》中,牛郎织女展开的上帝视角的窥视,就为观众切入了一个最广泛的视觉角度,观众由之既可以观察到作为“背景”出现的拜月的杨妃,也可以窥视到上场的明皇,甚至可以借牛郎、织女之口以窥视的上帝视角简要地预判二人之后的爱情悲剧。而舞台上这种无差别观看所有情节的上帝视角正因为通过窥视叙述,而得以顺畅地与观众在观看表演中固有的上帝视角相融合,不仅不显得突兀,还由于符合观众固有视角而取得了审美观感。此外,“窥视”和“窃听”还可以给观众造成一种嵌套式观感,也就是“窥视他人的窥视”。观众在舞台下从第三视角对舞台的表演进行着窥视,而舞台上表现的又是窥视的情节,便给观众造成了一种窥视他人的窥视的观感,这本就符合观众的窥视视角,一定程度上也是观众窥视剧情的镜像,让观众认清了自己在整个剧情中的窥视地位。《密誓》中的嵌套式观感形成了更为丰富的三重窥视形式,即观众对舞台的窥视—牛女的上帝视角窥视—唐明皇的隐秘视角窥视—被窥视者杨贵妃。无论是这种连环嵌套的窥视视角,还是单纯链接观众在台下的窥视视角,都将窥视视角延长到舞台上,并通过视角的切合造成了真实丰富的戏剧观感。

最后,“窥视”与“窃听”在舞台演出的应用与中国戏剧的独有表演方式——“三面墙”结构结合起来,产生了一种“陌生化”的审美观感。布莱希特在论述中国戏剧的时候提出了一个为其所特有的“三面墙”理论:他认为中国戏剧与西方戏剧不同,西方戏剧在演员与观众间有一堵“想象中”的墙将其隔开,以至于演员不会在乎观众的感受而竭力使自己融入角色。而中国戏剧中演员会有意识地“与被表现的形象保持着一定的距离,力求避免将自己的感情变为观众的感情”。[①]这种表演形式实际上在观众与剧情间造就了两重隔阂,即角色与演员的“隔”和演员与观众的“隔”。由此便产生了一种“间情”效果,“防止观众在感情上完全忘我地和舞台表演的事件融合为一”[②],时刻提醒着观众,这只是虚构演出而非真实生活,强调着观众的旁观者身份和“观察的观看的立场”。这种“离”产生的旁观者心态与“窥视”视角的“隔”结合起来,使观众始终与剧情保持着一定距离,不能完全窥探到情节全貌或感同身受地陷入剧情。不断地提醒观众只是一个他人生活的窥探者,避免其沉迷剧情而混淆现实与虚构。又通过“窥视者”身份的强调一次又一次地吸引和捕获着观众由窥视产生的隐秘的心底快感,通过对距离和隔膜的强调反向刺激了“窥视”引起的心理快意和戏剧观感。

一般叙事文学作品因只具有阅读性而只能将“窃听”附丽于“窥视”下,通过文字这一单一渠道表

①贝·布莱希特.布莱希特论戏剧[M].丁扬忠,等,译.北京:中国戏剧出版社,1990:194.

②贝·布莱希特.布莱希特论戏剧[M].丁扬忠,等,译.北京:中国戏剧出版社,1990:194.

现出来，而在戏剧这一兼具文本性和表演性的艺术活动中，“窥视”和“窃听”既可以结合起来展演，也可以分别表现。而戏剧的视觉表演性与听觉演唱性在演出中是共生的，“窥视”或“窃听”单独出现的作用的区别仅是对视角或听觉的分别强调。因此，无论是二者结合共生还是分别强调，都可以在表演过程中通过视觉（表演）与听觉（曲白）的结合构筑观众的全方位观感。而在这种观感下“窥视”与“窃听”情节通过立体式的强化效应形塑着观众的心理，将其心中由之产生的快感以及其他伴生情感不断放大，相互作用，推及高潮。

本文选取《长生殿》这一具有多重窥探书写的戏剧为研究对象，围绕其中“窥视/窃听”情节应用在文本层面对情节架构的书写和在演出层面对观众观感的形塑这两方面的影响，探究其在戏剧这一文艺形式中与其他纯叙事文学不同的独特表现。戏剧属于公开场合下表演的艺术，观赏者也往往不是一人而是多人，其不同于小说等叙事文学的私人化阅读的隐秘视角，因此除了一般意义上的情节架构形塑外，视觉观感与听觉观感在舞台上充分结合，对观众观感也形成了视听觉的全方位感官刺激。

实际上，在戏剧观赏中，观众本身就处于一种窥视的视角，《长生殿》中帝、妃二人爱情情节的构建对于观众来说本身就是对这一宫闱秘史的窥视，因此，“窥视”与“窃听”行为的书写，在戏剧中本就具有远胜于一般叙事文学的情节建构和演出观感的多重意蕴。

参考文献：

[1] 贝·布莱希特. 布莱希特论戏剧[M]. 丁扬忠，等，译. 北京：中国戏剧出版社，1990.

[2] 胡亚敏. 叙事学[M]. 武汉：华中师范大学出版社，2004.

[3] 吴琼. 雅克·拉康：阅读你的症状[M]. 北京：中国人民大学出版社，2011.

[4] 张燕. 窥视的艺术情蕴——从《金瓶梅》到《红楼梦》的私人经验之文本呈现[J]. 红楼梦学刊，2007(3).

[5] 雷捷. 窥视：一种叙事视角的艺术价值分析——以《金瓶梅》为中心[J]. 河南理工大学学报（社会科学版），2019，20(1).

[6] 杨惠云. 唐诗中的窥视叙事研究[D]. 重庆：西南大学，2019.

“生命”在“时间”中升起
——评李钢散文集《时间升起》

郭大章
（陕西师范大学文学院）

摘　要：“生命”，作为李钢散文观照的对象，被赋予了丰富的内涵，充满着隐喻和象征。在李钢的散文中，“生命”不再只是生命本身，而是一种可以破译“生命”的密码，蕴含着意蕴深厚的哲理思索，充盈着“生命”的智慧，潜藏着关于“生”与“死”的沉思，从而对“生命”形成一种充满哲理思索的凝望姿态。李钢能从一些琐碎的事物身上，发掘出生活的味道和生命的意义，站在一个知识分子立场，对历史、文化、土地等进行着深层次的思考，使其散文呈现出一种“琐碎的厚重”来。同时，李钢的散文饱含“真情”，充满幽默。

关键词：生命；李钢；散文；《时间升起》

李钢的散文背后站着一个词语：生命。

在我的意识深处，我常常把散文分为这么几个层次：对自我的诉说，对众生的关注，对天地和生命的敬畏。我甚至把其用来作为评判一个散文好坏的标准，因为在我看来，一个优秀的作家，一定不能局限于自我，而理应关注天地万物和芸芸众生，进而对我们这个赖以生存的世界生出一种虔诚的敬畏来。同样，一篇优秀的散文，在我们剥离其文字以后，还能清楚地发现一些深层次的东西，这些东西可能是一种思想观念，可能是一种生命启示，但不管怎样，一篇优秀的散文，总会以其特有的方式，呈现和传达出一种源于作品，而又高于作品的东西。

这，便是散文的“魂”，亦即是散文的“根”，有“根”的散文，才会有深度和厚度，才有成为优秀作品的可能。读者阅读一个作品，他不会去关注作家的个人诉求，而更多的则是从作品中找到共鸣，完成一种思想和灵魂的升华和净化。有谁愿意去听一个作家在那儿喋喋不休地进行着百无聊赖的自我诉说呢？

当然，我这里并不是排斥那种以作家自身诉求为蓝本的散文创作方式，而去一味追求“他者”的叙述模式。散文的叙述对象可以是“小”的，但其中所蕴含的思想和内涵，一定得“大”，就算一个作家采取了自我诉求的方式来创作，同样可以以“小”见“大”，暗示和影射出一种完全超越自我诉求的可以遍及众生的生命内涵。

说到底，散文创作在骨子里应该是有“重量”的，隐藏在散文背后的“思想”越重，就越能打动读者，越能呈现“生命”的力量，散文理应蕴藏着一些与这个世界更广阔的“存在”相关联的“精神内涵”，让作家的思想融汇于生活，精神贯穿于文字，才能让散文获得持续而强大的生命力。

从这个角度来说，李钢的散文是有重量的。“生命”，作为李钢散文观照的对象，被赋予了丰富的内涵，充满着隐喻和象征，是隐藏在李钢散文中的“魂”。在李钢的散文中，“生命”不再只是生命本身，而是一种可以破译“生命”的密码，我们可以从中读出一个“世界”，读出一种“境界”。

在李钢的“生命”世界里，蕴含着意蕴深厚的哲理思索，充盈着“生命”的智慧，潜藏着关于“生”与“死”的沉思。在我看来，没有哲学的文学是贫血的，具有深度和广度的文学作品，往往出现在文学和哲学的交汇点上。从这个角度来说，《时间升起》是有深度的，在其文字背后，李钢总是用其睿智而独特的眼光来打量着天地间的一切“生命”，从而对“生命”形成一种充满哲理思索的凝望姿态。

我迅速想到了这样一些描述：“太阳从雪山背后落下去，其实是从另一个地方升起来”；“石头是山的今生。山的崩塌对于高原只是顷刻，高原的顷刻，就是人的世世代代”；“有一天我忽然觉得石头也有生命，是另一种形式的生命”；“一切生命都有自己的高度”；“烧焦的树倒下了，构成了巨大的黑色图案……更多的树，枝叶焚尽，躯干斑驳，却依然直直地挺立，尖刺一般指向天空。那是死去的树的骨骼，保持着生前的姿态。在一个黄昏，我看见了树的墓园，看见了树用自己的骨骼为自己立的墓碑”。①“雪近在身旁……不知怎样才能将生命修炼成这般完美的晶体，一生浑浊的经历，到最后却这么白，这么冰凉。想了一会儿，想不透，就把雪握成团掷出去，像把一生都掷出去”；“木格错的界口有个栅子，把世界分成两半”。②“太阳才是真正的牧者，它放牧整个高原，从天空的云朵到地上的生命”；“经幡也是声音，是另一种声音”；“人们走上寺院的台阶，从那里瞻望另一世的样子”。③“一切要发生的，将在该发生时发生。一切要到达的，将在该到达时到达”；“鸟不是动物，鸟是空中的境界”；“从前的行走原来是为了飞翔”；“我选择了水的形式，我体验了生命的自在”；“它是很浅的，清澈见底，因此它很深。它是很深的，深不可测，因此它很浅”。④“他因捉鸟而断臂，又因断臂而画鸟。前因后果，唯一是鸟。那鸟分明是飞了，又分明被他捉到了。有失有得，失即是得”。⑤

类似于这样的描述，在《时间升起》里还有不少，暗示着李钢对于“生命”的独特理解和深刻寓意，形成了一种既“远”且“近”的“眺望”姿态，把对“生命”的认识，上升到了一种“形而上”的哲理高度，存在于“生命”中，同时又独立于“生命”外。

李钢很清楚地知道自己想表达什么，自己想要什么。因此，他一直在追寻，在“时间”中追寻，在

① 李钢.高原随想//时间升起[M].重庆:重庆出版社,2017:2-7.
② 李钢.木格错，野人海//时间升起[M].重庆:重庆出版社,2017:8-10.
③ 李钢.高海拔地带//时间升起[M].重庆:重庆出版社,2017:17-24.
④ 李钢.仙境//时间升起[M].重庆:重庆出版社,2017:25-28.
⑤ 李钢.无臂画丐//时间升起[M].重庆:重庆出版社,2017:142.

一切“生命”中追寻，追寻“生命”的来路，追寻“生命”的真谛，追寻隐藏在“生命”中的“灵魂”，以及“生命”中所蕴含着的大千“世界”。

于是，在李钢的散文中，就有了一个很重要的“寻找”主题：“高原的来世是什么？你怎么知道石头里孵出的不是一座山？”①“我似乎是来寻找从前遗落在这里的什么”；“找回这些，一个人就完整了，灵魂也得以安宁”；“我不知走了多久，始终找不到出口”；“谁敢相信自己是从前生走来，正朝着来世走去？谁又能用今世承担所有的苦难，把美好的愿望放在来生？”②“我寻找它，虽然我不知为何寻找，向何处去寻”；“那么此刻，我究竟飞行在天空，还是飞行在自己的心境？”③“我必须不停地去寻找”；“从他到我，莫非正是一个轮回？我知道这是一个幻觉，只是不知道，幻觉中出现的这个人，是他还是我自己。我的下一个轮回是谁？”；“我的前方是谁？我的身后是谁？我是谁？我在寻找你吗？”④“不知此刻路上的行人，谁在谁的伞下？”⑤“莫非他相信用这种方式行走，就能够从衰老退向年轻，退回到从前的岁月中去？”⑥“看就是寻找，生命因寻找而产生意义”。⑦

为了这些庄严的“寻找”，李钢不断地在“时间”中“行走”，从古到今，从南到北，从东到西：“我离开城市就像离开一间屋子”；“我从一个村庄走向另一个村庄。我从一座雪山走向另一座雪山。我从白昼走进黑夜，再走向另一个白昼”；⑧“我似乎总在行走，沿着今生”；⑨“我从很咸的地方走过”；⑩“我在黄河边行走了三个月”；⑪“我一站起来就想不停地走”。⑫

在不断的“行走”中，李钢“寻找”到了什么呢？

我们不得不再一次回到李钢的“生命”主题。其实，李钢“寻找”到的，依然是他对“生命”的理解，当然，这里的“生命”，不再是简单的生命，而有着极其丰富的内涵。

首先是命运。一切生命，都有其命运。“命运……像寸步不离的隐形人，我回过头去，看不见它，而它一直都在看着我”，“我们就这样安排着命运；而在命运看来，正是它这样在安排着我们”；“他选定的归宿成了他又一个起点”；“神秘得仿佛不可捉摸的命运”。⑬“‘文革’初期破四旧，张老头被捉去挨了一回斗，当夜忽然消失了，无影无踪”。⑭“我本立志要当一位将军的，谁知命运偏叫我朝读书人

① 李钢.高原随想//时间升起[M].重庆：重庆出版社，2017：6.
② 李钢.高海拔地带//时间升起[M].重庆：重庆出版社，2017：17-24.
③ 李钢.仙境//时间升起[M].重庆：重庆出版社，2017：25-28.
④ 李钢.寻人//时间升起[M].重庆：重庆出版社，2017：11-16.
⑤ 李钢.你在谁的伞下//时间升起[M].重庆：重庆出版社，2017：144.
⑥ 李钢.窗前飘絮//时间升起[M].重庆：重庆出版社，2017：150.
⑦ 李钢.七个断章//时间升起[M].重庆：重庆出版社，2017：231.
⑧ 李钢.高海拔地带//时间升起[M].重庆：重庆出版社，2017：23.
⑨ 李钢.仙境//时间升起[M].重庆：重庆出版社，2017：25.
⑩ 李钢.寻人//时间升起[M].重庆：重庆出版社，2017：13.
⑪ 李钢.黄河摄事//时间升起[M].重庆：重庆出版社，2017：200.
⑫ 李钢.我的太阳是别人的月亮//时间升起[M].重庆：重庆出版社，2017：315.
⑬ 李钢.寻人//时间升起[M].重庆：重庆出版社，2017：11-16.
⑭ 李钢.街戏//时间升起[M].重庆：重庆出版社，2017：122.

堆里扎”;[①]“他不能决定自己在世界上的命运,却要表明自己的选择”;[②]“那鸟真如一只从冥冥中飞来,兆示他命运的精灵”;“如此,鸟便是他的缘了,难以化解的缘;是一生的梦”。[③]“车内很拥挤,发觉有一女子掏出小镜子来照,像要证实自己是否被挤丢了”。[④]

从表面看来,李钢“寻找”到的命运,似乎有着强烈的“宿命”色彩,不可捉摸,飘忽易逝,有一种悲观的味道在里面,但其实不然,如果我们仔细揣摩其对“生命”的理解,就会发现,李钢所追求和赞赏的命运,其实是一种“反抗命运”的顽强“生命”,以及对“生命”中的不易和不幸的深深同情,饱含着浓浓的知识分子人文情怀:面对寺院里拜谒的身影,“我从他们的眼睛里看到了一种生的勇气,生的执着,和对生的持久信念”。[⑤]街头席地而坐的年轻残丐,四岁时捉鸟,被电击伤,失去双臂,于是,“他用脚谋生”,“他行走,鸟便是世界,在脚下”,他的脚,“负载着生命的重量”[⑥]。在木格错山的豁口,“我们”遇见了一对赶路的牧人夫妇,“我”举起相机拍照,“他们和牦牛就都站下,他们站下的时候生活也就停了下来”,到了晚上,气温骤降,“我”担心他们怎么过夜,发现他们露宿湖畔,捡柴点火,“烟象征着温暖,他们就守着这象征睡下去,穿着单薄的袍子,和天地在一起”,到第二天清早,“牧人走了,生活去了,留下痕迹”,“我们高兴起来,仿佛自己还活着”。[⑦]当“我”面对旅途的风景时,看到的却是“盐湖浮现,宛如一汪泪眼,大地在此哭泣”,和“生活者的路途上没有风景”。[⑧]三兄弟卖蛇药的时候,“整个过程不说一句话,三兄弟是哑巴,胸前背后,伤痕累累。挣的是钱,玩的是命”。[⑨]

面对命运,李钢选择的是“对抗”和“博爱”,对抗磨难,博爱“生命”:“我从未见过任何包容生命的骨骼可以这样坚韧持久地对抗死亡”,因为,“这是我所看见的最壮烈的一次动物死亡,顽强,高贵”;[⑩]当我想起在黄河岸边为了十块钱而拍裸照的巧姑时,“心里很难受,难受得要死”。[⑪]李钢希望像贝多芬一样,虽然“文字的沙砾时常磨伤跋涉者的脚掌,使他呻吟”,但贝多芬“仿佛一面鼓”,即使“被现实的重锤猛击”,依然“如出窍的笛声”。[⑫]此时,我想起了李钢《横竖是条汉子》中的一句话:“人不能活得太窝囊。”[⑬]这,理应是李钢面对命运时的一种态度,是李钢“生命”的一种“境界”。

其次是思想。李钢的散文是有思想的,他的很多作品都蕴藏着思想的光芒。没有思想的作品是浅薄的,一个文学作品有了思想,尤其是有了深刻的思想,才有深度和广度,才能显示出作品真正的价值,比如鲁迅的作品,我们很难想象,假如抽掉了鲁迅作品中的思想,将会是怎样一种状况。如果

① 李钢.两舷风浪一船书//时间升起[M].重庆:重庆出版社,2017:70.
② 李钢.会叫的树//时间升起[M].重庆:重庆出版社,2017:81.
③ 李钢.无臂画丐//时间升起[M].重庆:重庆出版社,2017:142.
④ 李钢.窗前飘絮//时间升起[M].重庆:重庆出版社,2017:148.
⑤ 李钢.高海拔地带//时间升起[M].重庆:重庆出版社,2017:23.
⑥ 李钢.无臂画丐//时间升起[M].重庆:重庆出版社,2017:142.
⑦ 李钢.木格错,野人海//时间升起[M].重庆:重庆出版社,2017:8-10.
⑧ 李钢.寻人//时间升起[M].重庆:重庆出版社,2017:14-15.
⑨ 李钢.街戏//时间升起[M].重庆:重庆出版社,2017:123.
⑩ 李钢.宰牛//时间升起[M].重庆:重庆出版社,2017:128-129.
⑪ 李钢.黄河摄事//时间升起[M].重庆:重庆出版社,2017:198.
⑫ 李钢.躲进贝多芬的耳朵——读《贝多芬书信全集》//时间升起[M].重庆:重庆出版社,2017:223.
⑬ 李钢.横竖是条汉子//时间升起[M].重庆:重庆出版社,2017:100.

说一个文学作品的语言是外衣，内容是身体的话，那么思想则是灵魂，少了思想，就像少了灵魂，而没有灵魂的作品，注定是活不长远的。文学作品，得有思想。借用李钢的话来说就是："这里空旷，适合摆放思想。"①

在李钢的散文中，其思想集中体现在对"生命"的理解和思索上："生是短暂的。生命就是你来了，你去了。来而复去的过程叫一生"；"抬头遥望星河的那一刻，你感觉到生命的短暂，而目光却是不朽的"；"如果有谁为承受痛苦活着，他就活得很深刻。如果有谁为自由活着，他就活得很奢侈……最后为什么而死，也就验证了曾经为什么而活"；"太绝望的人无梦；丢了魂的人也没有梦"；"对于死亡是否应该这样理解：灵魂依然健在，只是它解雇了不称职的躯壳"。②"无并非没有。无是另一种境界"；"家有两个。一个是暂时的，在世上；另一个永久，是无。当人的生命终结，那瞬间的感觉，定然是真真实实地回家了"；"中国的哲人称此为什么呢？我儿子说：视死如归"。③"云层以外还有云层，世界原本是多层次的"；"而冬天比春天，是存在于更高境界的季节，它洁白傲慢。它甚至不是季节，比岁月更长"；"我驻足眺望，它是雪山和荒原；我抬脚前行，它就是人生"；"有许多谜永远都是谜"；"沉默是用来共享的"；"对高原的一切理解都是对自己的理解。对高原的一切解释都是对人生的解释"。④"梦是别处，天堂或地狱。从梦中醒来就是重诞"。⑤"那舟子不是别人，乃是我卸于尘世的一副皮囊"，"永远将我注视的，正是我自己"。⑥"世界的道路也就是心境的道路。心境的天空也就是世界的天空"。⑦

对"生命"的理解和思索几乎存在于《时间升起》的任何一个角落，在《时间升起》中，高原不再是高原，雪山不再是雪山，鸟不再是鸟，梦不再是梦，他们都是一个个鲜活的"生命"，是一个个"生命"中的精灵，充盈着思想的力量，暗藏着关于"生命"价值和境界的思考。

再次是灵魂。李钢很喜欢在他的散文中寻找"灵魂"，"生命"的"灵魂"："我首先认为人的一生需要同时生活在两个截然不同的地带，即肉身地带和灵魂地带，而梦是肉身的异域却是灵魂的疆界"；睡眠"不过是为了进行两种生命形式的切换：肉身睡而灵魂醒，醒在梦境"；"梦幻中的时间尺度与现实中的大不一样，肉身于枕上只是片刻，而灵魂却已几度春秋"；"不知灵魂在睡去时是否也会喃喃自语"；"那正是灵魂的排序，灵魂是自由的，它在自己的世界里，按自己的意愿安排事物的秩序"；"肉身与灵魂，谁在梦谁？"⑧

那么，李钢究竟找到了什么样的"灵魂"呢？

李钢找到的"灵魂"是自由的："我一站起来就想不停地走，带着灵魂走路像举着笼子遛鸟，鸟并

① 李钢.高原随想//时间升起[M].重庆：重庆出版社，2017：2.
② 李钢.七个断章//时间升起[M].重庆：重庆出版社，2017：231-233.
③ 李钢.无臂画丐//时间升起[M].重庆：重庆出版社，2017：142.
④ 李钢.高海拔地带//时间升起[M].重庆：重庆出版社，2017：17-24.
⑤ 李钢.寻人//时间升起[M].重庆：重庆出版社，2017：13.
⑥ 李钢.鄂北游记//时间升起[M].重庆：重庆出版社，2017：180.
⑦ 李钢.仙境//时间升起[M].重庆：重庆出版社，2017：26.
⑧ 李钢.大梦谁先觉//时间升起[M].重庆：重庆出版社，2017：270-271.

不自由";[①]"我觉得躯体的任何一部分在告别自己时,也都是带着痛苦的。只有一样东西离去时毫无痛苦,那就是灵魂。这一生,我们让灵魂受累了";[②]是单纯的:"当世界把我搞得很复杂的时候,我就常做一些单纯原始的梦";[③]"最纯的人通体透明";[④]是干净的:"如果你在一条峡谷中看到了温泉,你应该立即跳进去沐浴。因为那是神在暗示你,洗净自己的灵魂,做一个真实的人",好几天以后,"我看见了温泉。我赶紧跳了进去,从灵魂开始洗涤,成为一个真实的人";[⑤]我认识的诗人"总起来是一个'浊'字,离'透明'二字差得远","凡人莫不如是";[⑥]是从容的:"贵族式的优雅与平和,以及舒徐自在的生命态度,尽都包含于其中了","他应该拥有大量的时间,并在时间中表现着生命的从容","别的且不谈,光是这阅读的姿态,就是一种境界";[⑦]是超然的:"该体验的已经用整个生命体验了,该说的已经留在诗里,为什么不能让灵魂悄悄地不辞而别呢?一个对一生充满自信的诗人,不屑于用讣告来证明自己曾经存在,更不屑于去争那些闹哄哄的死后哀荣";病重时,"在呻吟和叫喊的间隙"他说,"天堂的钟声敲响了,我听见了钟声",去世时,"像那天一样,他离开人群,很从容地走进一间房子,独自一人,把世界关在门外",而这一切,使"我更加相信,艾青从来都以这种超然的生命态度对待一生的荣辱沉浮"。[⑧]

同时,是庄严和高贵的:"从时间的意义上讲,无人能在岁月的旅程中折返,但灵魂却始终努力溯流而上";[⑨]在翠玉蝈蝈临死前,我"方知听见的那一声不是叫,是灵魂出窍的声音";[⑩]"作为回报,他画鸟。实际上,他只是在画着自己的缘和梦,和灵魂",因为,"鸟原本就在他的体内,即灵魂";[⑪]虽然"我们平时用文明伪装得就跟一个人似的",但"席勒始终捍卫着人的尊严和自由,他捍卫的东西都挺奢侈";[⑫]"聋子贝多芬,生前就已远离声音。他不理会尘世的喧嚣,也不会计较人类一时的轻佻。他站在指挥席上挥动双臂,只为要让旋律的芬芳飘向远方;他坐在乐队中间,如同安坐在自己用音符种植的花丛,享受听不见掌声的幸福","应该说,贝多芬成功地让灵魂逃出了躯体","有时我极想躲进贝多芬的耳朵,那儿通达心灵"。[⑬]

从无想到了有,从牛的死亡想到了生命的顽强和高贵,从阅读的姿态想到了生命的境界,从湖水想到了大地的眼泪,从梦境想到了重生……很显然,这些问题已经触及了"生命"的本源和内核,蕴含着关于"生命"的哲思。"生命",在这里明显具有了丰富的意蕴,显得深广而极具层次。"生命"的归宿

① 李钢.我的太阳是别人的月亮//时间升起[M].重庆:重庆出版社,2017:315.
② 李钢.牙不好//时间升起[M].重庆:重庆出版社,2017:97.
③ 李钢.七个断章//时间升起[M].重庆:重庆出版社,2017:232.
④ 李钢.高海拔地带//时间升起[M].重庆:重庆出版社,2017:20.
⑤ 李钢.高海拔地带//时间升起[M].重庆:重庆出版社,2017:20-22.
⑥ 李钢.童心//时间升起[M].重庆:重庆出版社,2017:215.
⑦ 李钢.闲敲棋子落灯花//时间升起[M].重庆:重庆出版社,2017:272-274.
⑧ 李钢.纪念艾青//时间升起[M].重庆:重庆出版社,2017:206-208.
⑨ 李钢.会叫的树//时间升起[M].重庆:重庆出版社,2017:82.
⑩ 李钢.翠玉蝈蝈//时间升起[M].重庆:重庆出版社,2017:117.
⑪ 李钢.无臂画丐//时间升起[M].重庆:重庆出版社,2017:142.
⑫ 李钢.同席勒散步——读书笔记//时间升起[M].重庆:重庆出版社,2017:220.
⑬ 李钢.躲进贝多芬的耳朵——读《贝多芬书信全集》//时间升起[M].重庆:重庆出版社,2017:224-225.

是什么？来自何方？去向何处？我们的尘世历经了怎样的苦难？那些看似透明的"生命"中究竟还隐藏着多少不堪的混浊？生活在这块土地上的卑微的"生命"该何去何从？

在李钢的《时间升起》中，我们从无数个个体的"生命"，看到了一个群体的"生命"，看到了整个世界和整个宇宙的"生命"，从而构成一个完整的"生命世界"，那种对于"生命"的深沉的爱，幻化成了刻骨的痛，使得李钢在痛苦中沉思，此时的李钢是带着一种仰望的姿态来审视"生命"的，那种深邃的哲思，真切的疼痛，在李钢的"灵魂"中左冲右突，使他沉浸在自己所编织的"生命世界"中，甚至一度无法自拔。从有到无，从浑浊到透明，李钢散文透露出来的是一种看破世事沧桑后，隐藏着的对"生命"充满大慈大悲的人生"境界"。

在我看来，一个好作家，必须得有格局和眼光，有胸襟和气度。这种眼光，是一般作家所不具备的，更是普通人所不具备的，这种眼光能洞察一切，能洞穿一切现实的迷雾，看见"现实"背后的东西，达到"洞见"的高度。一个作家品格的高度，往往决定了他作品的深度，而一个作家胸襟的广度，更是决定了他作品的厚度。一个好的文学作品，可以沟通天地万物，连接尘世和上苍，有着全人类共同的"生命"体验，能够揭示出"生命"的本质和内涵。

沈从文曾说："一个伟大作家的经验和梦想，既已超越世俗甚远，其经验和梦想所组成的世界，同普通人所谓的'天堂'和'地狱'鼎足而三，代表了'人间'，虽代表了'人间'，却正是平常人所不能到的地方"；"得把生命看得庄严一点，思索着向深处走"；"思索时你不能逃脱苦闷，可用不着过分担心，从不听说一个人会溺毙在自己的'思索'里……只管向'黑暗'里走，那方面有的是炫目的光明"。

沈从文的这些说法，正体现出一个作家不同于常的眼光：他能从人所共见的自然和社会现象中，发现普通人不易发现的东西。很明显，李钢无疑具备这样的眼光。李钢的《时间升起》，正是在那些平常的外表下蕴含着不平常的精神空间的精彩篇章，一些看似平常的文字，其实蕴含着深邃的精神秘密，从而发现了平常所不能发现的事实形态和意义形态。

我们说，当下的散文创作在某程度上失去了读者的关注，难以成为社会的热点，以往我们总是从大众文化和市场多元化等方面做出解释，其实很重要的原因还是在于散文自身，现在的散文创作所反映的往往都是少数人生而不是普遍人生，所展现的不是现实而是玄想，不是真实而是装饰。而李钢的散文创作，无疑给了我们当下的散文创作一个有益的启示：如何让"灵魂"接通感官的血脉，让思想沉淀于生活，让作家作为精神健康的个体，重新站在世界面前发言，这才是散文创作能够具备生命和影响的重要途径。

李钢的散文，是典型的知识分子散文：嬉笑怒骂皆文章，行藏去留尽话题。中国的知识分子散文创作，从"五四"时期起，就有着光荣的传统，现代以来的知识分子，似乎都对"琐碎"生活中的"趣味"有着独特的偏好。周作人的散文朴实琐细和广征博引，题材极其丰富，不管是村野民俗，还是草木虫鱼，都能成其散文的表现对象；林语堂的散文幽默闲适，注重"趣味"，利用多种多样的题材和娓语式的腔调，让散文真正升华到了无拘无束和潇洒自在的境界；梁实秋的散文雅致戏谑，谈古论今，机智深刻，有着显著的学者风范；朱光潜的散文常常以琐碎而真实的生活细节传达出闲适的生活趣味，不管是日常生活中的聊天，还是悠闲时的逛街，都非常有“趣”；汪曾祺的散文善于在平素的生活和日常见闻中撷取题材，把知识和思想寓于文字中，亲切自然，在看似漫不经心中，透露出人生的况味。很显然，李钢的《时间升起》和这些前辈作家的散文一样，有着典型的知识分子散文特色。

李钢散文的取材很广，来自生活中一切琐碎的事和物，从睡觉的枕头，到头戴的帽子，从家里的影集，到田里的青蛙，从满室的书香，到街边的把戏，从照镜子到打蚊子，甚至于睡不着和牙疼等，都能成为其散文的题材，而且，李钢能从这些琐碎和微不足道的事物身上，发掘出生活的味道和生命丰富的含义。与此同时，李钢还经常站在一个知识分子立场，在散文中对历史、文化、土地、音乐、诗和酒等进行着深层次的思考，使其散文呈现出一种“琐碎中的厚重”来。

李钢从“雨季满街都是黑伞花伞，不见斗笠”和“以前翻书常撞见‘笠’字；读它，读出无限的诗意”，想到了文化和历史，“一顶笠，曾为中国人挡住几千年的烈日风雨，遮盖着那么多的朝代和故事，真不容易”，“房间里挂上斗笠蓑衣什么的，就有了格调，就高雅，显出文化的纵深感”，“未来兴许不戴帽子”，“回首再看竹下那人，他仍立在原地，不动，大智若愚”。[①]从钓鱼想到“鱼不吞饵，则失美食，而人，亦失去了美食，谁胜？鱼若吞饵，双方各得其所，谁负?”；“历数古今钓界的奇人，当推姜子牙为第一。那不是钓鱼了，那是钓人”。[②]从睡觉的枕头想到“睡怎样的枕头，你就会产生怎样的梦想；有怎样的梦想，你就会做出怎样的行为”。[③]从一顶贝雷帽影射出一种社会现象：“桌上放着一位陌生人寄来的著作，附言要我‘加以评论’”，其意“是要我送他一顶高帽子。然而高帽子戴着不一定舒服，要送，就送他一顶贝雷帽吧”。[④]从在家里看影集联想到：我“与从前相比，实在像是戴着一副又一副面具。然而面具背后藏着的究竟是谁呢？摘下来看看，说不定是一个魔鬼”。[⑤]从过生日吹蜡烛想到“而吹蜡烛的感觉，就像一口气吹走以往所有的日子，没有过去，只有未来，那是真正初诞的感觉”。[⑥]从夏夜打蚊子联想到“常是几只蚊子被打死，又有两只飞来哼哼，像小寡妇哭丧。物伤其类，小至蚊虫亦不例外”；“将军和士兵原是为自己的敌人而存在的，鸟尽弓藏，马放南山。我感到深深的寂寞”。[⑦]从念紧箍咒联想到一种“境界”：“大音希声，大念若哑，这正是念功的最高境界啊”！[⑧]

更绝的是，李钢能平常穿衣服这种小事上联系到做人做事的道理：“这两条成语，一条曰‘衣冠禽兽’，另一条曰‘沐猴而冠’，说明已有异类混迹于人堆里，披人皮，仿人形，不干人事。”[⑨]能从猪狗等动物身上，延伸到生存的道理：“另有两个成语：‘卸磨杀驴’‘兔死狗烹’，不只表明了人对动物的态度，

① 李钢.人立竹下//时间升起[M].重庆：重庆出版社，2017：51-54.
② 李钢.放长线，钓大鱼//时间升起[M].重庆：重庆出版社，2017：84-89.
③ 李钢.你睡什么枕头//时间升起[M].重庆：重庆出版社，2017：307.
④ 李钢.贝雷帽//时间升起[M].重庆：重庆出版社，2017：140.
⑤ 李钢.看影集//时间升起[M].重庆：重庆出版社，2017：68.
⑥ 李钢.过生日，吹蜡烛//时间升起[M].重庆：重庆出版社，2017：50.
⑦ 李钢.打蚊子//时间升起[M].重庆：重庆出版社，2017：90-93.
⑧ 李钢.人人都怕紧箍咒//时间升起[M].重庆：重庆出版社，2017：311.
⑨ 李钢.捍卫衣服//时间升起[M].重庆：重庆出版社，2017：264.

还包含着人类的谋略和智慧。”①能从半夜失眠里联想到“再过些年，怕要睁着一只眼睡，半醒半睡，睡不着。这就是成年”；“不是水不相容，水只是随意流过，石头自然就变圆了。那雪那水，即社会”。②能从一棵树里看到“生命”的秘密：“秋天来临树叶变黄，音符一般飘落，我看见了那只鸟，它倒悬枝上，和这个季节一同枯萎。我再也忘不了这棵树。我见过形形色色的树，它们拥有各种鸟叫，但所有的叫声都会随时飞走，唯独这棵树，在一个夏末，它真正叫过。”③能从一个词里想到生活的艰难：“突然想到‘痛’这个字，它的反义词是什么呢？沉思良久，想不出结果，只能想出‘不痛’二字”，“不知为什么会这样。是人对痛的感受太深太久了，一旦达到不痛就已满足，再无更高的奢求？”④。能从小学语文课本里想到一生：“几十年的生活内容，竟主要就是‘大小多少’四个字，而‘上下来去’，简直是一生的总结。”⑤甚至在朋友家参观个厕所，也能得出高深的结论：“好像是谁说过，生活总是呈螺旋状前行，它常常回到原处，只不过比原来要高。”⑥

当然，作为知识分子，关注“生命”的成长，是其义不容辞的责任，但到底什么是“成长”呢：“走向成人社会，这是小孩的悲剧”；“小孩普遍崇尚不修边幅，经常反穿鞋子，衣冠不整，以区别于成人社会的衣冠楚楚，道貌岸然”；“由于他们刚从天堂来到人世不久，我们只好相信，小孩惯常出没的地带与天堂里的情形大致相仿”；“成人比小孩，只不过把表面的不洁净藏到了内心”；“所谓‘返老还童’，只不过是成人的追求和希望达到的境界”；“小孩的天真、纯洁、诚实以及坦荡，永远是成人社会的一面镜子”。⑦“如今的小孩子早早地戴了表，一样朝疯里玩。因此便知每一个少年实际上都是富翁，有足够的时间任其挥霍”；“想想浪费掉的一半，方可领悟生命的乐趣；珍惜剩下的一半，才能知道生命的意义”。⑧“在这颗星球上，人是隐藏自己的尾巴最成功的一种动物”；⑨“人与人的心灵原是可以相通的，凭借着雨夜，伞是小小的道具”；“孤独感使人对沟通和交流产生抗体，再没有什么比陌生更让人熟悉”。⑩“往后我可以时不时地去他二位那里串串门……就跟重温旧梦一样。那毕竟是梦，人不可能天天跟梦待在一起”。⑪

关注“人”与“自然”的关系，更是显得必不可少：“在一颗名叫地球的星上，有一种名叫人的生物发明了房子。他们彼此用墙进行隔离，再通过电话相互联系；他们把大自然关在门外，却对着窗户和电视观察世界……”⑫“我离开城市就像离开一间屋子”；“城市里春天拂面的感觉，那是一种媚俗的暖

---

① 李钢.猪来狗往驴推磨//时间升起[M].重庆:重庆出版社,2017:65.
② 李钢.睡不着//时间升起[M].重庆:重庆出版社,2017:256-257.
③ 李钢.会叫的树//时间升起[M].重庆:重庆出版社,2017:81.
④ 李钢.窗前飘絮//时间升起[M].重庆:重庆出版社,2017:149.
⑤ 李钢.影响了我的几本书//时间升起[M].重庆:重庆出版社,2017:226.
⑥ 李钢.后厕所时代//时间升起[M].重庆:重庆出版社,2017:309.
⑦ 李钢.小孩//时间升起[M].重庆:重庆出版社,2017:312-313.
⑧ 李钢.几块表，一些人//时间升起[M].重庆:重庆出版社,2017:42-45.
⑨ 李钢.七个断章//时间升起[M].重庆:重庆出版社,2017:231.
⑩ 李钢.你在谁的伞下//时间升起[M].重庆:重庆出版社,2017:143-144.
⑪ 李钢.搞房子//时间升起[M].重庆:重庆出版社,2017:106.
⑫ 李钢.七个断章//时间升起[M].重庆:重庆出版社,2017:232.

意”。[①]“风景的寿命应该比人要长，风景不只是一代人的事情，而是许多代人的事情，永远的事情”。[②]“就像脚下的土地，有一部分急于变身为城市，而仍有一部分愿意成为田野”；“想一想，还有什么能超出村庄的范围？都市虽大，仍是一座村庄。世界再大，也还是一座村庄。地球就是一座村庄”。[③]“两年前的某日我出门散步，在离家不太远的山野发现了一个池塘，里面住着许多青蛙。现在那片山野成了房地产开发区，机械声不断”。那里有“一只青蛙在跳跃”，我大概看得出来，“它是池塘的留守者，手无寸铁的唯一卫兵，它没有手雷和炸药包，却想对付钢铁的履带，拯救家园”；然而，“顷刻间，一大堆泥土滚滚落下，水洼无影无踪。我不露声色地目睹了一个青蛙王国的覆灭，和一只青蛙猛士的殉葬”。[④]

自古中国文人都偏爱“酒”和“茶”，在李钢的散文中，自然少不了谈“酒”论“茶”：“天下的好酒并非不醉人，它妙在让人醉后一觉醒来，精神焕然，全无‘浓睡不消残酒‘的样子”；“如今许多酒都换了包装，争相登临豪华的宴席，却还有一些好酒情愿留在乡间的坛子里，去做朴素的村酿”。[⑤]“酒本是水，上溯到远古的玄酒，也就是水。古往今来所有喝酒的人，其实喝的只不过是心情，无非喜怒哀乐，聚散离合。像李白的花间独酌，那种‘举杯邀明月’的境界，孤傲离世，常人毕竟难及”；“我倒是很希望能忽然静下来，在荡荡的时间里与朋友对坐，喝着水一样单纯的酒，品着各自的一生”。[⑥]“中国人讲无，无中生有，世界起始于无，归于一，一便是无”，“茶有三无”，其一，“茶无价”，“所以茶实在是生长于中国人精神里的植物”；其二，“茶无味”，“此无味的味，乃至味也”，“喝了能够加深对‘无’的理解”；其三，“茶无道”，“中国人善于把简单的事情搞复杂，凡事一复杂一热闹，就成为文化，中国人又不善于保留文化”。[⑦]“中国酒的根源，永远都在村庄里”；“酒和茶，还有月亮，都是十分美妙的东西。酒能表达生命的态度，茶能启迪生命的智慧，月亮则能让人去思考生命的意义”。[⑧]

古往今来，“酒”和“茶”，往往关涉着文化和创作，自然逃不出李钢的视野：买我旧书的陌生老头的两个孙子给了我来信，当我要求儿子认真读完，他却满不在乎地把信扔在桌上时，“我大怒，一把将他拽回来，弄到墙角站好，立正，罚站一小时”。[⑨]“其实最大的文化就是生活”；“文化需要健康的发展，不走歪门邪道”；“这里曾经诞生了《诗经》的开篇《关雎》，那是祖先发出的声音，是诗歌的源头，是先河”；“万物皆有起始。回过头去，追根寻源。如今坐享其成，岂可数典忘祖”；“同样，文化也有血缘。文化生命的强盛，也需要血缘的传承贯通。一个国家和民族的文化，譬如参天大树，若要枝繁叶茂，永远也不能离开祖根祖土。断根者死，连根者生。根长在此，与华相宜”。[⑩]“醒着思索的时候，周

① 李钢.高海拔地带//时间升起[M].重庆：重庆出版社，2017：17-18.
② 李钢.土桥荷花//时间升起[M].重庆：重庆出版社，2017：246.
③ 李钢.到五宝//时间升起[M].重庆：重庆出版社，2017：237.
④ 李钢.告别青蛙//时间升起[M].重庆：重庆出版社，2017：145-146.
⑤ 李钢.到五宝//时间升起[M].重庆：重庆出版社，2017：237.
⑥ 李钢.喝酒//时间升起[M].重庆：重庆出版社，2017：164.
⑦ 李钢.茶无道//时间升起[M].重庆：重庆出版社，2017：258-259.
⑧ 李钢.到五宝//时间升起[M].重庆：重庆出版社，2017：237-238.
⑨ 李钢.卖书//时间升起[M].重庆：重庆出版社，2017：154.
⑩ 李钢.认祖归宗//时间升起[M].重庆：重庆出版社，2017：322-335.

围是一片梦，无边无际；疲倦了睡去，周围是一片世界，像梦”；“雪人在融化的时候也很踏实，彻底融化了，便彻底自信了”；“其实作家都是希望长寿的人，他们企图通过文字的形式一代代地活下去。回头看一看，前朝那么些作家，绝大多数还是死了，无影无踪。重要的是现在”。[①]“我将坚决和城市站在一起，以更复杂更现代的都市生活方式生活，忘掉池塘和山野，我将用没有蛙声的语言一心一意地写作。这也就是诗为什么越来越让人难以读懂的原因”。[②]

看得出来，李钢对文化和创作是尊重的，一种虔诚的尊重，所以，他景仰大师，尊重大师：“二十多年以后我来到美国，其时安塞尔·亚当斯已谢世四载。夜晚走在新墨西哥州的原野，感觉仍走不出大师的画面”。[③]“1996年，艾青就带着这样的微笑，安详地躺在本世纪的边缘。在这个世纪生活过的人，将被时光的风沙掩埋，能够留下名字的毕竟是少数。若干年后我们回望二十世纪，艾青仍然是一座碑”。[④]“音乐是超脱的，声音飘然远去，能在悠久岁月的峡谷回荡，隆隆不绝”；“真正的音乐是无声的”。[⑤]

历史，是一个说不尽的话题，我们都生活在“历史”中，被“历史”所左右。但，究竟什么是历史？

历史！真相！原罪！良知！

从小到大，我们眼中的历史，就是一串串呈现于书本上的文字，亘古不变，一代一代的口耳相授，我们却从未去质疑过其真假。什么是真？什么是假？随着时间的消逝，历史或许早已带着真相长眠于地下了。其实更多的，我们所能见到的历史，却只是一堆无法言说的荒草而已。面对历史和真相，我们应该具备怎样的良知？打捞历史？澄清真相？抑或只是在这种亦真亦假的“历史”当中充当一个匆匆过客？

我们所处的时代，有着太多的不幸，或许若干年后，那时的我们也早已变成了“历史”，再由我们的后代来打量：哪些是真？哪些是假？我希望作家在面临历史的时候，时刻保持一种清醒的认识：历史，就算是一堆荒草，也要从这堆荒草中，找到那么一丁点儿深埋于地的永远无法铲除的根须。

我这里把“历史”从李钢的散文中单独提出来，是想看看他对“历史”的态度，因为我觉得，一个优秀的作家，对“历史”理应有着相对成熟的看法，这体现出一个作家的责任，对自己的责任，对读者的责任，对社会的责任，对历史的责任，而这种责任感，是作家的使命，一个有责任的作家，得忠实地记录社会，记录历史。

在李钢的《时间升起》中，有不少地方都体现出他对“历史”的态度，可以说，在李钢那里，“历史”是有生命的，而且是复杂的：“有时又想历史戴着斗笠的模样，实在像童话里的大蘑菇，极可爱，也有

① 李钢．我的太阳是别人的月亮//时间升起[M]．重庆：重庆出版社，2017：314-315.

② 李钢．告别青蛙//时间升起[M]．重庆：重庆出版社，2017：147.

③ 李钢．月出//时间升起[M]．重庆：重庆出版社，2017：205.

④ 李钢．纪念艾青//时间升起[M]．重庆：重庆出版社，2017：208.

⑤ 李钢．躲进贝多芬的耳朵——读《贝多芬书信全集》//时间升起[M]．重庆：重庆出版社，2017：223-225.

点儿滑稽”，“我觉得历史好像在开玩笑”。[①]“来来去去，这就是历史”。[②]“这镜子乃天工所制，我们仰首可见，却不能够去照，它就是月亮。唯一能够与它相照的是历史，而历史，是一位多变的女人”。[③]“如果把地球的年龄压缩到一小时，人类的历史也只能以秒计算。谁在注视？谁在嘲笑？谁在感叹”？[④]“书就是这么一页页厚起来的，历史和传统也是这么渐渐加重成负担的。卸掉它们无疑是彻底的放松，一个没有文化负担的社会会因无知而感到幸福”。[⑤]“从某种意义上说，人类社会就是个圈套四伏的社会，人类历史就是下套解套的历史”。[⑥]“我认为，神话是最高级别的历史，是民族的庙堂，供奉着远祖们的神位，寄托着整个民族的身世和梦想。没有神话的民族是可悲的”，“仓颉发明了什么呢？那只是一些弯弯曲曲的笔画，却从此托载着历史”。[⑦]

这里，我想说说《认祖归宗》。从某种程度上来说，《认祖归宗》可算是李钢知识分子散文创作的典型代表，是一篇“大文化”散文，颇具大家风范：作者借现实与历史的一点因由，生发开来，在想象的托举下，跨越过遥远的时空，在一个个历史截面与人生截面中，踏上了感受自我生命与思索世界的精神行旅。“历史”与“现实”并重，“过去”与“未来”重合，“古典”与“现代”交错，“哲理”与“现象”融汇，在具有极其丰富的文化意蕴的同时，深藏着悲戚而博大的家国使命。作者从故乡的历史，说到今天的现实，从历史精神的风骨，说到现今某些精神的缺失，其间隐含着丰富的历史知识，高贵的生命态度，以及历史与现实高度遇合的使命等，可谓一篇难得的好散文。

李钢《时间升起》的第三个特点，就是饱含“真情”。可以这样说，散文是所有文体里面最注重“真情”的一种文体，不仅有“情”，还得“真”，作者得用足够的真诚去触动和触痛读者心里最软弱的地方，让其能够“感同身受”。说到底，散文是有“情”的创作，无论用多么绚烂的词汇去描述散文，“真情实感”永远都是最简明和最本质的描述。很显然，李钢深谙此道：“今生热闹了几十年，我的想法却越来越简单，对人对事，唯求其真。”[⑧]

在《时间升起》中，这种因“真情”而感人的篇章很多：《大红枣，黑布鞋》中，奶奶因为思念早年离家的父亲，而哭瞎了双眼，那种对儿子一生的牵挂，让我们潸然泪下；《生命的歌》中，父亲临死前唯一能记起的竟然是《新四军军歌》，那熟悉的旋律是多么牢固地浇铸在灵魂深处，从来没有被摧毁，可见信念和理想的力量；《南方不下雪》中，几十年后相约儿时的伙伴一起回村过春节，到时再堆一个雪人，照张相片给作者寄来，让作者眼睛一热；《会叫的树》中，“我”的外甥艾维移民澳大利亚，却总是挂念他那留在中国的溜溜球，时不时让“我”寄给他，让我们想起了岁月和童年；《街戏》中，对旧时各种街头杂耍及其表演者的刻画，让我们回到过去，在体会到一种历史沧桑感的同时，对民间文化的流失

① 李钢.人立竹下//时间升起[M].重庆:重庆出版社,2017:51-52.
② 李钢.南川散记//时间升起[M].重庆:重庆出版社,2017:249.
③ 李钢.照镜子//时间升起[M].重庆:重庆出版社,2017:114.
④ 李钢.窗前飘絮//时间升起[M].重庆:重庆出版社,2017:151.
⑤ 李钢.同席勒散步——读书笔记//时间升起[M].重庆:重庆出版社,2017:219-220.
⑥ 李钢.套//时间升起[M].重庆:重庆出版社,2017:279-280.
⑦ 李钢.认祖归宗//时间升起[M].重庆:重庆出版社,2017:330.
⑧ 李钢.喝酒//时间升起[M].重庆:重庆出版社,2017:164.

深感无奈，颇有冯骥才《俗世奇人》的风格；《宰牛》中，牛被活活打死，但一直舍不得倒下，直到那个远远蹲着的饲养员忽然站起来，跑上前去，举起双拳照牛头一锤，那牛才轰然倒地，像一座小山坍塌，让我们体会到了生命的高贵和顽强；《黄河摄事》中，那些为了讨生活而拍照的裸模，让我们明白了底层生活的艰辛；还有《无臂画丐》中那个用灵魂画鸟的残丐，《进园老厨》中那个把自尊和名誉看得比金钱还重的老厨师，《告别青蛙》中那只誓死捍卫家园的青蛙，《卖书》中那个知恩图报的苦命老头，以及《月出》中以摄影为生命的伟大摄影师安塞尔·亚当斯，《纪念艾青》中以超然的态度对待一生荣辱沉浮的诗人艾青，《流沙河逸事》中那个学识渊博而且谈吐幽默风趣的文坛前辈流沙河，《大家》中那个具有大家风度的诗坛前辈王辛笛，等等，无不让我们体会到了"真情"的可贵和力量。可以说，散文正是唯其"真"，而有"情"，才能最终打动读者，成为真正的散文。

李钢《时间升起》的最后一个特点，就是幽默。李钢的幽默，可谓妙趣横生，真是幽默到了骨子里。李钢的幽默读起来平淡至极，却能让你在阅读的瞬间与作者对视，莞尔一笑。李钢的幽默，有点儿类似于汪曾祺，"世间有许多事，想一想，觉得很有意思。有时一个人坐着，想一想，觉得很有意思，会噗噗笑出声来。把这样的事记下来或说出来，便挺幽默"。李钢的幽默，是善意的微笑，他在散文中常常夹杂着不动声色的幽默，这使得他在论说"生命"的时候，不是板起面孔的说教，而是有滋有味的娓娓道来，时不时以幽默来调剂，以此来影射和批判。

在李钢的散文里，时不时会出现这样的语言：夏夜蚊子来时，"第二个来的必是刺客，超低空无声飞行至腿上，行刺。我瞅准了，待针尖触及的瞬间，一掌击下，扁了，我的皮肤遂感到蚊子死时的疼痛"；打蚊子时，"弄到最后仍是巴掌经久耐用，既醒瞌睡又杀敌，一举两得"。[①]牙疼时，"为了止疼我什么法子都试过，含凉水，抹盐，按穴位，半夜里疼醒了爬起来吊嗓子唱歌，美声的民族的，把我的痛苦用歌声传染给四邻"；我一战友在牙疼时排样板戏中的硌牙戏，极其出彩，简直比样板团的演员还逼真，"那一次，当是他戏剧生涯的光辉顶点"。[②]我在夜晚遇到危险的时候拔腿便跑，"我的优势是腿长"，急的时候"腿更长"。[③]朋友曾向我吹嘘他家的老鼠有文化，是儒鼠，所以当我发现我家的老鼠"把一块干馒头啃缺了一个小角，一点文化也没有"时，"我大失所望"。[④]我们赶车去谷城时，"三轮车去县城，四毛钱一位，拉人拉猪都是这个价，装满了就开，跑起来贼快"。[⑤]

李钢的幽默，并不是一味纯粹的搞笑，以此来增加阅读趣味，而是在幽默中有庄严，以幽默来影射"生命"的道理：因为睡不着和憋尿，"由此想到成熟是什么，成熟是对童年和少年的背叛，是抹杀个性的过程"，"成熟，就是老憋着一泡尿"。[⑥]说到屁股的时候，"屁股注定是个李代桃僵的角色，因它肉厚。其实更厚的是人的脸皮，而人间绝大多数的屁，似乎也不是从臀部放出来的"，"打的是屁股，丢

① 李钢.打蚊子//时间升起[M].重庆：重庆出版社，2017：90-91.
② 李钢.牙不好//时间升起[M].重庆：重庆出版社，2017：95-96.
③ 李钢.横竖是条汉子//时间升起[M].重庆：重庆出版社，2017：99.
④ 李钢.猎鼠记//时间升起[M].重庆：重庆出版社，2017：101.
⑤ 李钢.鄂北游记//时间升起[M].重庆：重庆出版社，2017：177.
⑥ 李钢.睡不着//时间升起[M].重庆：重庆出版社，2017：256-257.

的是面子，何况屁股的责任范围有限，超过了限度，脑袋仍得搬家。所以脑袋和屁股，唇齿相依，唇亡齿寒”。[①]说到缺陷时，“对于一尊雕塑，一幅画，一个角色，一个人，缺陷的存在要能构成美而不破坏美，它是有度的。好比犬牙，有两颗足够了，如果生出一嘴，便成‘犬牙交错’，遂导致面目狰狞。而酒窝这东西再好看，若弄得满脸都是也就不叫酒窝了，那叫麻子”。[②]父亲谈起曾被子弹击碎上颌的几颗牙齿这件事的时候，说“旁边还有一位战友，运气真好，张嘴呐喊时子弹穿腮而过，从此倒添了一对酒窝，早知道应该先占了那人的位置”，“他的语气轻松，流露出来的，是一派羡慕”。[③]谈到美女作家时，“于是我想，‘美女’固然好，假的就不好了；‘作家’固然好，骚写就不好了”。[④]

然而，我这里想特别说明的是，幽默固然好，但得有分寸，过了那个度，就变成了庸俗和油滑，失却了应有的庄严。李钢的散文，很多时候就有这种油滑：“某次我赴外地开会，有的擅长气功，有的能侃荤笑话，有的懂相法精占卜兼通时局，他们就有本事把一个严肃空洞的文学讨论会开得飞墙走壁，蝶浪蜂狂，消灾添财，延年益寿，未出茅庐而三分天下”。[⑤]“脑袋算老几？立马可以凋谢，唯贝雷帽不朽，这才是真的”。[⑥]“此行不遇，后会有期。无所谓。很高兴。喝酒去。”[⑦]“我觉得自己还是可以的，今生就算了，下辈子我试试”[⑧]“童年时期我结交了一群狐朋狗友，乌合在一张集体照中，排列如犬牙交错”。[⑨]“晚间我通常要先陪电视无聊一小会儿，然后独处，读读书，搞搞文学”。[⑩]“搞就是折腾……不说那么复杂，只说一个字：搞”；“搞了又搞。搞到把自己搞得又脏又累的地步，那才叫幸福”；“我想到这些年咱们中国人都成了搞房子的专家，心里便亮堂了，一搞有何难，到处是样板”。[⑪]“李钢只得把盏进言”；“李钢呷了一口酒，继续说”；“李钢又呷了一口酒，再说”；“李钢端酒一饮而尽，回家后口焦舌燥但腹中空旷，只好泡方便面充饥”；“前两日，李钢又出现在本市某酒吧，与一胖一瘦二美女聊天”。[⑫]“人有博大精深的，也有才疏学浅的，我就来当这个既疏又浅的吧。就是一班学生里，也得有个把差生吧”。[⑬]

当然，同样很庸俗，从幽默变成了脏，满嘴的脏话：“有一回我身旁坐着个认真的记录者，我斜眼一瞟，他在本子上画小人，画小狗，还在旁边写‘张科长我儿’，我觉得这个同志内心还是很活泼的，同时又觉得张科长真倒霉，一点儿也不知道有人在暗中当他的爸爸”。[⑭]“那人是个六十多岁的老头儿，

① 李钢．说臀//时间升起[M]．重庆：重庆出版社，2017：268-269.
② 李钢．缺陷美//时间升起[M]．重庆：重庆出版社，2017：295.
③ 李钢．生命的歌//时间升起[M]．重庆：重庆出版社，2017：33.
④ 李钢．昨日好词//时间升起[M]．重庆：重庆出版社，2017：290.
⑤ 李钢．开会//时间升起[M]．重庆：重庆出版社，2017：155.
⑥ 李钢．贝雷帽//时间升起[M]．重庆：重庆出版社，2017：139.
⑦ 李钢．王者牡丹//时间升起[M]．重庆：重庆出版社，2017：253.
⑧ 李钢．南川散记//时间升起[M]．重庆：重庆出版社，2017：251.
⑨ 李钢．看影集//时间升起[M]．重庆：重庆出版社，2017：67.
⑩ 李钢．打蚊子//时间升起[M]．重庆：重庆出版社，2017：90.
⑪ 李钢．搞房子//时间升起[M]．重庆：重庆出版社，2017：104.
⑫ 李钢．劝美//时间升起[M]．重庆：重庆出版社，2017：157-158.
⑬ 李钢．影响了我的几本书//时间升起[M]．重庆：重庆出版社，2017：227.
⑭ 李钢．开会//时间升起[M]．重庆：重庆出版社，2017：155.

满鞋泥浑身汗气。我让他在楼道里站着。我们家进屋是要脱鞋的，我嫌他臭”。[①]“我个人不能自由处理。他大爷的！”[②]“趁他不留意我拧开一瓶茅台喝了一口，他妈的是白醋。假冒伪劣。”[③]“我心想我当然不是李玉和，就算是，临行前不还喝了他妈一碗酒吗？行了，喝吧，他奶奶的”。[④]“我欲追问，知情者见我是个娃娃，便卖个关子，不说了。妈的”。[⑤]“以上诸种挑剔就跟剔牙一样，事实上也是受剔牙的启发。剔牙乃它们的妈妈”。[⑥]“说到猪这畜牲”；“树下的狗仍然生活在和平的气氛里，散步，追逐，做爱”。[⑦]“群众土语：男人有两巴，上巴和下巴。上巴即嘴巴”。[⑧]“套，北方话，指圈套，不是安全套的套”。[⑨]“不久前的一个讲座上，有人要我说出现代社会的特征，我不假思索地回答：短！一切变短！话音落定，居然掌声雷动”，“如今，‘快餐’一词的意义已不只体现在吃上，它在各方面应用，大获成功”，“回到前面提及的那个讲座，有个人对我的‘变短说’质疑，他说，满街的药房门口张贴的‘增长延长’广告证明，人们在某些方面也还存在着变长的愿望。我回答：愿望终归是愿望，这恰好证实现代人在这个问题的操作上也变得越来越短”。[⑩]

幽默，是一种“姿态”和“境界”，但同时也是桎梏，适当的幽默，可以使得散文很有特色，而一旦幽默过度的话，就消解了崇高的意味，使得散文原本该有的庄严和神圣，瞬间消失得荡然无存。

同样的道理，我们说李钢的散文琐碎，但琐碎和幽默一样，都得有个度，不能过，过了就变了。李钢的某些散文就过于琐碎了，什么都说，拉拉杂杂，像一个地摊“杂货铺”，货物虽多，却挑不出什么有价值的东西。

此时，我突然想到了李钢的一句“玩笑”话：“我的斗志消退，文章也做得蹩脚”。[⑪]似“玩笑”，亦非“玩笑”，不可否认，李钢的有些文章，确实做得蹩脚。

这里，我仿佛看见了两个李钢：一个庄严的李钢，一个油滑的李钢。当年那个以高原系列散文闻名的李钢不见了，取替的是一个对待文学不是那么严肃的李钢，一个嬉皮笑脸的李钢，一个“玩”文学的李钢。不可否认，李钢确实很有才华，但纯粹靠才华创作的作家，最终才华都会离他而去，剩下的，只有一件华丽的陈旧的袍子。

幸耶？不幸耶？

---

① 李钢.卖书//时间升起[M].重庆:重庆出版社,2017:152.

② 李钢.黄河摄事//时间升起[M].重庆:重庆出版社,2017:189.

③ 李钢.搞房子//时间升起[M].重庆:重庆出版社,2017:105.

④ 李钢.喝酒//时间升起[M].重庆:重庆出版社,2017:160.

⑤ 李钢.街戏//时间升起[M].重庆:重庆出版社,2017:119.

⑥ 李钢.挑剔//时间升起[M].重庆:重庆出版社,2017:262.

⑦ 李钢.猪来狗往驴推磨//时间升起[M].重庆:重庆出版社,2017:62-64.

⑧ 李钢.过生日,吹蜡烛//时间升起[M].重庆:重庆出版社,2017:47.

⑨ 李钢.套//时间升起[M].重庆:重庆出版社,2017:279.

⑩ 李钢.一切变短//时间升起[M].重庆:重庆出版社,2017:275-276.

⑪ 李钢.打蚊子//时间升起[M].重庆:重庆出版社,2017:93.

试析龚有融诗文中的园林意趣

朱靖远
（重庆市大渡口区文物管理所）

摘　要：龚有融作为清乾嘉时期重庆巴县著名的书画家、诗人，以书法、绘画擅名，同时在诗文方面也有极高的造诣。龚有融善于从古人的诗书画中汲取营养，宗唐诗人之诗，清初的宗宋诗风和复兴经学运动，尤其是乾嘉诗坛“性灵派”对他的诗风影响很大。本文从《退溪诗集》入手，结合龚有融生活的时代及个人的坎坷际遇，对诗文中的园林意趣进行评析，以期对其人及其淳淡脱俗的诗风诗境有更全面的认识。

关键词：龚有融；清代；巴县；《退溪诗集》；园林意趣

一、龚有融的生平概况

龚有融（1754—1831），字晴皋，重庆巴县（今巴南区）人。乾隆四年（1739年）进士龚士楷之孙。他出身于科举世家、书香门第，从小受到龚氏家族“诗书传家”良好家风教育，后受业于乡前辈夏应亨。乾隆四十四年（1779年）举四川乡试。在京师屡经会试均未中进士，直到嘉庆十三年（1808年），终通过“大挑”制度，挑取为一等。嘉庆十六年（1811年）任山西崞县知县，始入仕途。嘉庆二十年（1815年）年初，山西巡抚衡龄出巡崞县，因箪食自支招待开罪于抚军，被调石楼县知县，不就，以老病辞，旋即便致仕归乡。在任期间，轻车简从，多施惠政，去官时，“崞县民攀辕泣送，为立生祠”。还巴县后，晚年居退溪山庄，“怡情泉石，潜心宋儒书”。[1]道光九年（1829年），为观文书院讲席。道光十一年（1831年）卒，时年七十七。祀乡贤。

他善山水，宗北宋，用泼墨写意画法，随意挥洒，不拘前法，能自创一格。民国《巴县志》载：“常循行溪畔，执竿如笔，逆流画水，以定腕力。”[2]又长花卉、翎毛，尤喜作石与芭蕉。其书师法欧阳修、王羲之，工楷、行、草，书风奇逸洒宕，别具风神。成亲王永理曾对其书法颇为赏识、推崇。四川督学使郭尚先在赞扬有融书学功力时曾说其“大字纵横有奇，气当其合，作往往似通瘗鹤铭，不甚易遇耳”。[3]近世翰林赵熙称其“画能荒率书相称，人守清贫道自高”[4]。民国《巴县志》有传，谓“县三百年来极高逸文艺之誉者，有融一人而已。”[5]

二、《退溪诗集》及诗学主张

龚有融作为一位生活在乾嘉时期的诗人、书画家，“工画者多善书”，工诗，尤以五言、七言近体诗为长，喜欢以诗会友，教导后生，创作了许多乡土山水诗书画。他的诗清新自然，不事雕琢，大多散出，流传至今的并不多。关于诗与画的关系，龚晴皋曾书宋儒、诗人邵雍《句》其一“画前原有易，删后更无诗”。门弟子段廷琛评价其“醇行绝学，官山右以循吏称；归而教授里闾，以书画擅名，世传其诗甚少”。[6]龚有晖评价其兄“事亲孝，居官慎”“然则虽有诗，不传可也。政惟不传，欲其传者，转莫能自己，岂诗之故耶？诗不多，诗不在多也”。[7]王劼评价“因其行谊重，推及画与诗。先生岂作画，人品擅一时”。[8]时谚“家无晴皋字(画)，必是俗家人”。由此看出，龚有融不仅仅书画成就高，在诗作审美方面也很有造诣，只不过诗名被其书画名掩盖而已。

早在唐之前，文人即有保存文稿、编纂文集的传统，他们毕生追求的文学成就中最重要的“遗产”就是留下一部传世文集。龚有融的诗集由其门弟子在龚有融去世后辑佚编纂而成。现存最早者为咸丰二年(1852年)巴县龚氏刻本，藏于重庆市图书馆。《退溪诗集》是国内仅存的一部龚有融诗歌别集，是研究其诗歌方面创作成就的第一手资料。今人范国明与何承玖二先生曾共同校点《退溪诗集》，收入《龚晴皋评传》，于2014年12月由四川美术出版社出版。任竞、王志昆先生主编的《巴渝文献总目》(古代卷·著作文献)对诗集条目亦予辑入，2017年5月由重庆出版社出版。重庆市九龙坡区志中心又据重庆市佛教协会副秘书长钟洪鸣藏本为影印底本，2020年5月整理翻印。

《退溪诗集》卷首有序文二篇。其一为龚有晖序。龚有晖，字旭斋，重庆巴县人，为龚有融从弟，得其伯兄授业，邑庠文生，工书、画。其伯兄有融名载县志，“载在邑乘，千载下共知其人”，[9]为后世所知与他关系甚密。序尾落款“咸丰二年夏弟有晖序并书”。[10]清孙桐生编纂的《国朝全蜀诗钞》卷二十一收龚有融诗《石圃》《诸曦庵画墨竹》《题太白真次东坡韵》《龙狮洞》《次韵李约庵先生春分前一日过江访蒙园》《赠华岩寺僧愚岭》《郊行》《经白帝城》《次韵答亢荔园》《题画》十首，五言、七言、律诗等一应俱全。民国《巴县志·文征》一卷亦收龚诗《古剑》《山居示子珪》《唐榛山秋山图为刘穆参题》《题太白真次东坡韵》《题画》《郊行》《戏遣》七首。

其二为段廷琛序。“咸丰二年岁在壬子孟夏月，门下士段廷琛敬序”。[11]关于这本诗集的成书过程，段廷琛之序跋述其源流甚悉。段廷琛，重庆巴县人，嘉庆七年(1802年)生。嘉庆二十四年(1819年)，入碾斋书堂，受业于龚有融。道光四年(1824年)，吴杰督四川学政时以诗赋取士，廷琛以诗故为吴杰所知。道光五年(1825年)举四川乡试。道光十五年(1835年)以大挑知县分发南河。道光二十年(1840年)致仕。道光二十七年(1847年)，段廷琛去万县访龚有融长子龚介珊，品读《味蔗轩诗集》，“犹见先生家风”。又专门询问采录其父遗诗之事，“则曰强半遗忘矣”。道光三十年(1850年)，龚介珊卒。咸丰二年(1852年)，龚有晖和段廷琛据其所能不断搜寻龚诗的遗稿，“于残缣断楮中”，挑选出一百二十首诗，并对篇目加以整理，由龚有晖手写，段廷琛校勘之后付刊问世，编成《退溪诗集》一卷。

咸丰二年(1852年),时年五十岁的段廷琛为龚有融的诗集撰写序文。他对其师的诗歌十分崇敬,在《序》中写道:“未尝不忆先生之教诲而追先生之绪余”,“琛从学五年,受诲最笃,渊源师友,机杼一家”。[12]缅怀追慕,情词深切,可见他们之间师生情谊颇为深笃。龚有融的论诗观点基本见于《段序》,全录如下:

“作诗与作文异。文以明道,非宋儒语录不为功;诗以言情,非抒写性灵无由空。群而拔俗,眼前境地,口头言语,即是佳诗。第其法具于古人门径,若不师古而自用,野战无纪律,殊非节制之师;若沾沾古人而不能自我作古,又失词必己出之意。明人守唐法谨,袭其貌而遗其神;宋人视唐法疏,化其形而忘其韵。神而明之,存乎其人,纵横变化,不求合法而自然应律谐声,上薄风骚,下追汉魏,所谓诗人之诗也。何必活剥长吉,生吞工部耶?”[13]

段廷琛在《校晴皋诗毕恭跋其后》写道:“笔吐光芒墨写真,书臻绝顶画通神。出其余事闲吟讽,又抵陈黄一辈人。”[14]“陈黄一辈人”指明清之际重要的格调派诗人陈子龙和乾嘉诗人“岭南名儒”黄培芳。重情,追求“情真”,是明代格调派诗学的重要特征。陈子龙的复古主张主要是重情和写实,即不仅要学习古人的审美和格调,更要注重诗歌的社会功能。清初诗人方贞观在当时诗名甚著,其诗学远承明代格调派之说,作诗话《辍锻录》云:“诗人之诗,心地空明,有绝人之智慧;意度高远,无物类之牵缠。诗书名物,别有领会;山川花鸟,关我性情。信手拈来,言近旨远,笔短意长,聆之声希,咀之味永。此禅宗之心印,风雅之正传也。”[15]乾嘉学派注重求真、求古。黄培芳与龚晴皋同处乾嘉时代,黄培芳工诗文书画,以诗闻名,黄论诗主复古,推尊盛唐,重视诗法,要求作诗“出规入矩”,要求诗人论诗以真为主,写真实的情景体会,其诗被认为是“所谓诗人之诗也”。

归结龚有融对诗的论说,可分为以下两个方面:首先,龚有融认为作诗应由传统而出新,要由我创新,不循旧法,才能实现自然美、绘画美和诗艺美的转化和相融。这与清代两位画家石涛、王昱“不师古法不成我法,不变古法终非家法”“自我作古,不拘家数而自成家数矣”的见解在某种程度上是一致的。他还善于从古人古诗古画中汲取营养,把唐诗作为学习的门径,学其精华。在论诗歌审美表现特征时,他对宋明两代对唐人唐诗的继承关系进行了论评。从渊源上,他自己的诗作汲取了李白、杜甫、韩愈、苏轼等前代诗人的风格。他高度肯定唐诗的成就,如作《豆埜金石图》题《文曲星吏》跋文致敬文学星河中的“诗圣”杜甫。还赞同唐代古文运动的领袖韩愈所主张的“唯古于词必己出,降而不能乃剽窃”。如其诗《白桃花》写道:“花不见桃惟见李,退之此语本超然。岂知别有瑶台种,自合同称玉洞仙。”他论韩愈诗《李花赠张十一署》描写夜中盛开的白色李花景致,体物入微,乃悟其妙。同时,我们也能感受到龚诗诗意情怀里对苏轼的挚爱,还曾把钟嵘《诗品》、杨慎《升庵诗话》和袁枚《随园诗话》当作研究诗歌的资料。

其次,他认为诗体由于文体和内容的特殊性,比宣扬儒家道德的公文文辞更具有诗性之美。清初的宗宋诗风和复兴经学运动,尤其是乾嘉诗坛“性灵派”对龚有融的诗风影响很大。龚有融本人是一个真性情的人,敢于针砭时弊,“何必活剥长吉”暗讽孙洙的《唐诗三百首》中未收录唐代诗人李贺诗作，亦时风使然。戴纶喆在《四川儒林文苑传》中说他“纵脱尘俗，有名于时。然性高简，不轻为人役”。[16]他认为诗作应与情景相生，“眼前境地，即是佳诗”，要流畅自如，“不求合法而自然应律谐声”。他主张“诗以言情”，赞同当时乾嘉诗坛的代表袁枚提倡的诗文审美创作应该“抒发性灵”的观点，反映在诗歌作品创作上则应表现为作诗言真，毫无挂碍，真心作诗，真情流露。

三、诗境中的“园池之胜”与园林风尚

园林为士人交际的重要场合。“文人的生活于园林之中，是自宋代开始，元代成熟，明代普及”。[17]乾嘉时期，江南园林的繁荣发展为龚有融园林诗的研究创作提供了丰富的资料，基于此，在诗歌审美创作活动中，龚有融无论是在客居江南、在北地为官时，还是归隐山居后，都写下了许多与园林有关的诗作，无不显示着诗人心向自然，追求内心自由、脱俗的人格意境。

这些园林按照功能大体上可分为宅园、游憩园、含书斋的园林三类。宅园是集游赏与居住于一体的园林，比如可园、小山园、蒙园、汪氏啸园、宁氏园。游憩园如江苏无锡寄畅园、扬州西园（平山堂御苑），浙江杭州西湖。含书斋的园林，比如重庆巴县退溪山庄（碾斋书堂）、藏云花圃（梅花书屋）。

表1各园林中山、水的记载

园林名称	山、水的记载	诗文出处*
南京高淳固城湖	“荷叶田田便屡过”“风动垂杨岁有波”	《池上》
江苏扬州西园（平山堂御苑）	“此间雅擅西园胜”“竹树森森、石角斜”“窗前秋放凤仙花”	《小山园》《挽戴景星》
小山园、石圃	“园当号小山”“构亭石圃因君懒，筑室江阳爱我真”	
江苏无锡寄畅园	惠山、锡山、惠山泉	《园中杂咏八首》
浙江台州九支山	九盘山、涌泉	《九盘山观瀑二首偕学中诸子》
浙江杭州西湖	孤山、西湖、钱塘江	《郊行》
山西崞县可园	崞山、滹沱河	《山右可园四咏》
重庆巴县退溪山庄	“有石截水如梁横”“荷花一池散香馥”“有梅有杏有古木”	《山居示子珪》
汪氏啸园、宁氏园、蒙园	“古木色苍苍”“轩开绿野堂”“池亭隙地艳云霞，惠及名园色色花”	《次韵李约庵先生春分前一日过江访蒙园》《戊辰正月六日游汪氏啸园》《赠宁东坪》

*资料来源：本文所引龚诗即据《退溪诗集》，以下不再出注。

龚有融在求仕阶段，与同乡霍来宗交谊深厚。乾隆五十五年（1790年），龚有融与霍来宗一同赴京师参加戊戌科会试，力争考取进士，可惜仍是落第。嘉庆五年（1800年），仕途失意的他随霍来宗去江宁府高淳县，开启近八年的幕府生涯。龚有融在霍幕府期间曾到扬州、无锡、杭州、浙东周边游

历，所作诗文《池上》《郊行》《小山园》《园中杂咏八首》等都是其吟咏性情之作。在浙东作《九盘山观瀑二首偕学中诸子》。九盘山即今浙江台州临海市东南的九支山。他的江南诗意蕴婉曲，情真意切，曾书唐代边塞诗人岑参《春梦》"枕上片时春梦中，行尽江南数千里"句，并作《代州功曹孙兰垞索画》诗云："金陵记吾昔曾游，水乡风景在我腹。"与林逋《乘公桥作》中的"忆得江南曾看着，巨然名画在屏风"意境相近。嘉庆十三年（1808年）正月，作《戊辰正月六日游汪氏啸园》诗云："春游无地不心清，况有梅花树树横。野店山桥黄土路，春风细雨踏泥行。"这一年秋，龚有融赴京师参加朝廷"大挑"。嘉庆十六年（1811年）赴太原府代州崞县任。嘉庆二十年（1815年）辞官回重庆巴县。同时，出川赴试、宦游也使他涉足了北京、山西、陕西、江苏、浙江等地的许多名山大川和私家园林，借此开拓了眼界，丰富了心胸，为他的诗书画创作打下了深厚的基础。霍来宗，号瑞堂，重庆巴县人，乾隆五十五年（1790年）进士。嘉庆五年（1800年）九月时，任江宁府高淳县（今南京市高淳区）知县。嘉庆十五年（1810年）任常熟县知县。嘉庆十六年（1811年）升泰州知州，"搜本邑掌故颇敏速"，协助编纂嘉庆《新修江宁府志》。嘉庆十八年（1813年），回任高淳县知县。"莅任十余年，尝捐赈惠民，境内称慈父母焉。"[18]

嘉庆五年（1800年）九月，龚有融跟随霍来宗一同来到了高淳。高淳县位于江苏省南部，清属江宁府，据清光绪《续修高淳县志》载：县名"初拟淳化，钦定高淳"。[19]因县治在高淳镇而得名，取地高民朴之意，建县后，镇名就改为"淳溪"，以镇山下的一条溪流命名。

"固城烟雨"历来为高淳胜景，吸引了历代文人墨客为之颂咏。嘉靖《高淳县志》记载：固城湖在"县西南五里，纵二十五里，横三十里，比通石臼、丹阳二湖，中流本县与当涂并宁国府宣城县为界。"[20]李白晚年曾客寓当涂，作《丹阳湖》诗云："湖与元气连，风波浩难止。天外贾客归，云间片帆起。龟游莲叶上，鸟宿芦花里。少女棹归舟，歌声逐流水。"高淳入夏后，湖中万荷竞发，龚有融也泛舟于固城湖上，抚今追昔，作《池上》云："曾从池畔咏新荷，荷叶田田便屡过。已喜尘心消去半，不妨暑气逼来多。梦回午枕人依槛，风动垂杨岁有波。一种清凉何处有，红裙莫唱采莲歌。"公事之暇，诗人自得其乐，沉浸于江南"鱼米之乡"的自然美景中。

江南自宋都南迁，文化中心随之也向南，这一带气候温和，水源充沛，有着丰富的资源和秀美的风景。明代中叶，造园之风在江南盛行。清初，扬州、无锡、杭州等地园林盛极一时，文人汇集。扬州古称江阳，因地处江之正北，故曰江阳。隋大业初改邗江县置，为江都郡治，治所即今江苏扬州市。龚有融在扬州作《小山园》诗，其一："竹树森森石角斜，是谁种熟一园瓜。平分菜圃虽嫌窄，短插疏篱却未遮。案上云生龙尾砚，窗前秋放凤仙花。此间雅擅西园胜，城府何曾见几家。"其二为五言律诗："随缘为上策，地僻觉情闲。人信非高士，园当号小山。名花今待种，恶竹旧曾删。细想平生事，烹茶坐此间。"诗中写的是龚有融客寓扬州期间的漂泊生活，与"在蜀岗高处，池水沦涟，广逾数十亩"[21]的扬州西园相比，诗人"筑室江阳"虽仅是一座点缀花木的地僻小院，但却有一份小院秋深的意境。通过对所居住的小园景物的描写，表达了自己对庾信小园隐逸之认同，抒发了寄人篱下和满志不得伸的苦闷。

无锡寄畅园名噪江南，自明代初建之始，成为典型的江南文人山水园林，院内景致几经更迭，乾隆巡游江南时曾数次居住于此。《园中杂咏八首》是龚有融在无锡访碑游园时因景兴情而作的七言律诗。诗文中描绘了寄畅园勺泉、曲池、惠山、美人石、梅树、九狮台、《寄畅园法帖》石刻等，每景题诗一首，几乎句句用典，对造园法亦有详细的描绘，给人以品之不尽的美的享受。

其一《勺泉》："不为买山存一钱，山瓢于我亦无缘。即看细细清湫出，可是人间第二泉。""买山"喻贤士的归隐。"瓢"代指隐居生活。"人间第二泉"指惠山泉，原名漪澜泉，伏流而出，常年涌流不止，水质清纯甘洌，陆羽曾寓居无锡，评其为"天下第二"。

其二《曲池》："就中菜圃与瓜田，不凿为方不凿圆。一派引来钩样曲，须知天道直如弦。"曲池指寄畅园中的一汪池水，南北长，东西狭，水面曲折窈窕，出自明代画家宋懋晋所作《寄畅园五十景》之一"曲涧"。惠山泉是它的源头，长年"水从溪谷入池，细涧分流不涸"，潺潺有声，园亭则绕水而构，与假山相映，倒影尽汇池中。

其三《崖翠》："懒倩云烟点缀妍，岚光苔色满窗前。稜稜瘦骨撑秋雨，一样峨眉翠插天。"无锡南邻太湖，西枕惠山，惠山又名九龙山，林木幽深，山泉多若棋布。明人邵宝《惠山记》中描绘"惠山有九峰，峰各有涧，涧各有坞，起伏层叠，故曰九龙，状其形也"。[22]寄畅园构筑在惠山东麓的坡地上，龚有融的视角由东面西望园外惠山主峰，巍然耸立，山景为云烟所隔，显现了窗牖纳"近山远峰"的巧妙借景。

其四《竹萤》："常弄辉辉到竹边，此君岂独动人怜。写真谁是文夫子，合写绿珠留影传。"描绘了园中广种竹林，隔绝尘嚣，兼得幽雅宁静。"绿珠"本为晋石崇爱妾名，指在寄畅园东南角镜池之南的美人石，为古代太湖石峰，造型修长玲珑，形似孤芳自赏的古代仕女。乾隆来此游览时，认为美人石巍然昂首，有大丈夫气魄，将它改名为"介如峰"。

其五《镌碑》："擘窠大字崖上镌，姓氏皆无不计年。百岁光阴一逝水，何人曾访孝廉船。""擘窠大字"又称榜书，古曰"署书"。大字一般指径寸以上之字。此处指寄畅园中的榜书摩崖石刻，因摩崖书者皆不置名，书家姓名无从获得。秦氏自明代以后为无锡望族，"孝廉船"为褒美才士之典故。清顺治十二年（1655年），秦松龄中进士；康熙四十八年（1709年），秦道然中进士；乾隆元年（1736年），秦蕙田再中进士。"百岁光阴一逝水"指康熙、乾隆两帝各六次南巡近百年间，无锡秦氏子孙三次登榜进士及第，园产也曾经历失而复还的大起大落。

其六《种梅》："竹篱之外池塘前，移得梅花栽水边。借问孤山林处士，缘何爱此便称仙。"秉礼堂的后面湖石边种有梅树。嘉树堂东假山上遍植梅树。"孤山林处士"指林逋曾游江淮间，后隐居杭州西湖，结庐孤山。此处将宋代隐士林逋植梅的典故融入其诗中，比喻隐逸生活和恬然自适的清高情态。

其七《丑石》："形质本来粗以厉，位置花间丑而妍。笑他宝晋斋中客，石丈称呼大是颠。""丑石"指园中的九狮台，又名九狮图石，是用太湖石叠成的大型假山，高数丈，石质粗粝，突兀峻峭。"宝晋斋”是北宋书法家米芾的书房。“石丈”用为奇石的代称，因米芾见立石颇奇，醉于品石、赏石，故被人称作“米癫拜石”。

其八《偏轩》：“莫道偏轩地势偏，不齐不整只三椽。诸生帖括宗先辈，神气谁从正面传。”“偏轩”应指含贞斋，此斋位于秉礼堂北面，坐西朝东，建筑面阔三间，原是第三代园主秦耀读书处。当时江南文人重视帖学，“诸生帖”指无锡秦震钧在嘉庆六年（1801年）所勒石的《寄畅园法帖》。该帖刻石百二十三块，所选所涉人物众多，既包括秦氏书家，又包括宋元明清四朝书法佳作，作为江南最著名的园林法帖，对龚有融学书也颇有影响。可推知诗人到无锡的时间应在嘉庆六年后。

又如《郊行》云：“郊行浑不辨西东，十里平田入画中。白石桥边香晚稻，绿杨村外挂残虹。葛衣羽扇双芒屩，岸雨汀烟一短篷。想到归帆高挂处，钱塘湖畔又秋风。”这首诗的首联紧扣诗题“郊行”，首、颔联二联描写龚有融在杭州郊游时看到江南田野上一望无垠的累累稻实，夕阳、荷叶、采莲，体现白、绿、红等色彩美，宛如一幅色彩斑斓的秋景画屏。颈联指出盛夏季节穿着葛衣、羽扇、芒鞋，象征着名士之风流、隐者之高操。诗前自题：“在高淳作，时将之杭州。”可知龚有融曾登舟扬帆杭州。钱塘亦作“钱唐”，古县名，古诗文中常指今杭州市。《汉书》朱隽封钱塘侯注《钱塘记》云：“郡议曹华信作塘以捍海潮，募人致土石一斛，与钱一千，塘成，遂名钱塘。”[23]钱塘江上有众多的渡船，旧时每逢农历八月，官府都在定山以东的江面上检阅水师和观潮。

嘉庆十三年（1808年）戊辰科会试后，朝廷大挑嘉庆五年以前各科落第举人。对于连续三科没有考取进士的落第举人来说，参加“大挑”无疑是一次绝佳的机会。时年五十五岁的龚有融赴京师参加大挑，大挑一等分发试用。

崞县明、清属代州。《旧唐书·地理志》谓“崞县属河东道代州，武德元年（618年），代州领雁门、繁峙、崞、五台四县”。[24]据光绪《续修崞县志》记载，嘉庆十六年（1811年），龚有融任山西崞县知县。[25]这一年恰逢嘉庆皇帝西巡山西五台山。据光绪《代州志》卷十二《大事记》记载，“嘉庆十七年（1812年），代州秋旱无禾”，[26]发生在其任内。光绪《续修崞县志》说他：“学博才优，以经术为治术，文章书法卓越，时流士林多取则焉。”[27]

《山右可园四咏》是龚有融在山西崞县作的一首园林诗。诗前自题：

“壬申二月，雪后，于崞署隙地辟小园，种花垒石，设几案于窗前，有杏树，树杪露西城，颜曰可园。”

崞县县衙位于今山西省原平市崞阳镇古城正北，坐北朝南，前堂后宅格局，现存清代崞县大堂，占地面积200平方米。大堂背后是二堂，和后面的内宅相通。内宅原有正厅五间，东西厢房各三间，东北方有厨房院一所。西南方置一小院，龚县令时名曰“可园”，有西房四间。西偏为幕僚宿舍，有南北西房各三间，西北方有大仙堂三间。

可园建于嘉庆十七年（1812年）二月，是龚有融在北地为官公馀休息时亲自参与设计的小型衙署园林，小巧精致，带有文人气息。“可”字之意表示可能或能够，可以。造园为的是可以在其中退食、课儿、看山、赋诗，远离世外的纷扰，故取名“可园”。“造园如作诗文”，明代书画家董其昌作《兔柴记》谈诗与园林关系时，主张“公之园可画，而余家之画可园”。[28]结合龚诗中对江南园居生活的崇尚，我们可以看出可园的造园思想与龚诗淳淡脱俗的诗风最为贴近。通过对可园的营造，他将自己对诗画美学的独到见解融入了“种花垒石”的造园实践之中，显示出园主人的艺术修养。

知县不升大堂办理公务之余，龚有融便来到“可园”，吟诗作书，与眷属亲课儿曹于其间。如其一《可退食》云：“纱帽笼头事颇多，每当退食便高歌。”又如其二《可课儿》前两句：“高居官阁异吾庐，闲课儿曹乐有余。”嘉庆十八年（1813年），龚有融次子龚浩然出生于崞县，这一年长子龚介珊十三岁，从学于其父，二子少传家学，六年后介珊举乙卯科四川乡试，会试未第，后来通过拣选任万县儒学训导。

巴县为龚有融之桑梓，龚有融对家乡巴山蜀水的感情十分深厚，曾仿效苏轼在黄州盖茅亭雪堂，自建一座竹竿茅亭。在建筑格局上，与威严的北方县衙相比，身在异乡的他显然更思念南方的山居园林生活，作《竹林茅舍图》题云：

“余家曾于□竿中结茅亭一笠，延宴大嚼，名曰‘嚼亭’。今官雁门，代郡崞邑，并□其种，若使东坡来此，亦未能免俗也。”[29]

此处表达了诗人对志同道合的诗友们饮宴赋诗、“嚼亭”之欢的思乡之情，其四《可赋诗》云“此外关心复何事，忙于公事是吟诗”，可见他对“昔在山中住”的竹林茅舍念兹在兹。亦有他的《题画十二首》“把竹个茅亭子牢”“小亭如笠背山稷”诗句可证。

山西崞山，一名围屏，又曰马头。在县治西十里，连峰叠嶂，翠色森郁，汉置崞县，以此山名。龚有融任内“崞山叠翠”已为明清崞县八景之一。乾隆《崞县志》记载：“崞山叠翠，县西南二十五里，崞山奇峰飘渺，邃谷迷离，既参差而迤逦，复数起而旋腾。高插绵延，铺彩霞之万段；重岗复岭，含翠蔼之千形。”[30]如《山右可园四咏》其三《可看山》云：“浮空积翠落窗棂，数叠烟峦入画屏。若道山灵嫌我俗，如何长放眼双青。”这句诗巧妙将空间引申出去，将县西崞山的远峰景致摄取进园林中来，“借景”效果尤佳。

园林以小窗花影为文人所赏爱，对于可园中具体树木的选择，嘉庆十七年（1812年）三月，龚有融在崞县作《肩舆图》，记录下自己肩舆眺览满城寻花的经历，题识云：

“杏耶？桃耶？梅耶？石曼卿无绿叶有青枝句，未免着迹，十里村中，攒红裁榆垂，肩舆眺览，诗思尝不异在驴子背上也。时壬申三月廿二日，崞署。公暇以秃毫写此于灯前，二十五点漏已消去一半矣。绥樵。”[31]

石曼卿即北宋书法家、诗人石延年，有诗《红梅》云：“梅好唯伤白，今红是绝奇。认桃无绿叶，辨杏有青枝。烘笑从人赠，酡颜任笛吹。未应娇意急，发赤怒春迟。”“诗思尝不异在驴子背上也”出自张岱《夜航船》中所说的：孟浩然冒雪骑驴寻梅，“吾诗思在灞桥风雪中驴背上”。

四、隐逸倾向：临溪筑庐与园林诗文书写

龚有融，字晴皋，号绥山樵子，别号拙老人、避俗老人、退溪居士等。我们熟知的“晴皋”最早见于他的画题款。号的常见形式是地点+称谓，“绥山樵子”之号应与葛由有关。葛由，传说为西周成王时羌人，他曾乘木刻的羊到蜀地，又登绥山成仙而去。绥山，一名覆蓬山、中峨山，位于今四川峨眉山市南。刘向《列仙传》卷上《葛由》：“绥山在峨眉山西南，高无极也。随之者不得复还，皆得仙道。绥山多桃，故里谚曰：得绥山一桃，虽不得仙，亦足以豪。”[32]绥山盛产桃，又称绥岭桃，后遂用为咏仙境之典。

“拙老人”之号出自龚诗“自笑平生拙似鸠”。“拙”与“巧”相对，“巧者不坚，拙者永固”。“鸠”是红隼、红脚隼之类的小型猛禽，筑巢技能不佳。也寄寓其进士屡屡落第的失意之情。陆游《寓叹》诗云：“人生各自有穷通，世事宁论拙与工。”同号“拙老人”的还有同样有屡试不第经历的清初书法家蒋衡。蒋衡，字湘帆，一字拙存，晚号江南左无明拙老人、拙存老人。江苏金坛人。贡生。工诗善书。早年好游，足迹半海内，在陕西观历代碑刻。南归后，乃闭门十二年，楷书《十三经》。大学士高斌奏进之，康熙赐官国子监正，未就。有《拙存堂诗文集》《拙存堂临古帖》。

“避俗”之号应源自避俗翁陶渊明。出自唐代诗人杜甫《遣兴五首·陶潜避俗翁》：“陶潜避俗翁，未必能达道。观其著诗集，颇亦恨枯槁。”陶渊明是东晋末至南朝宋初期著名诗人、辞赋家。曾任江州祭酒、建威参军、镇军参军、彭泽县令等职，最末一次出仕为彭泽县令，八十多天便弃职而去，从此归隐田园。被称为“古今隐逸诗人之宗”。道光四年（1824年）初秋，龚有融曾书《东坡和桃花源诗序》亦是对自己晚年归隐避世生活的写照。

“退溪居士”之号，取自龚有融的退溪山庄。退溪，因跳磴河河水流经石滩形成叠水，在此处倒流，故名。民国《巴县志》记载：“宅前溪流回环，积石横亘，春涨湍激，滩声远近闻，小桥度之，题曰：退溪。”[33]嘉庆二十年（1815年），辞官后的龚有融回到令他魂牵梦绕的家乡之后，选在风景优雅、便于作画的跳磴河畔滩口，置薄田、筑茅屋，命名“退溪山庄”。他隐居退溪以后，潜心书画，授徒于乡，只与同道故交有所来往。他喜欢的竹木蕉石，风景皆藏于文人胸间，为自己选的居所以退名溪也体现了隐逸倾向。“退”与进相对，退者，归隐也。朱稑在《题龚晴皋退溪》诗中对以“退”名溪的含义做了进一步阐述：“人皆嗜进独嗜退，先生所嗜继难再”“身退道进乐何如？此乐勿语嗜进笔。”[34]

龚有融生性喜好生活在山水园林之中，享受其中的乐趣。退溪山庄是他辞官之后的退隐之所，也是其实现自适愿望的乐土。作《题画十二首》“且喜山家远市廛，幽篁万本绕溪前”与王安石《定林所居》“屋绕湾溪竹绕山，溪山却在白云间”的闲适意境极似。他画山水多取全景构图，从其在退溪山庄所作《退溪看山图》《诗人之宅图册》《蕉叶茅屋图轴》等画中，不难看出“摄山理水”的造园技法被诗人极大地发挥到其退溪山庄的营造环境中，意在打造山野深远之境。《蕉叶茅屋图轴》题画诗引明代书画家文徵明的《郭西闲泛》“湖上修眉远山色，风前薄面小桃花”句，《亭小得山多图》出自宋代诗人戴复古的《题春山李基道小园》“心宽忘地窄，亭小得山多”更是巧妙地将茅亭外的山景相互因借，丰

富了园林景色，扩大了空间。

对于龚有融这样喜好园林之人，常以诗存园，从诗篇中我们知道，因退溪的存在，“水亭如笠”，“清澈石桥看火鱼”，“每当雨后新涨初，浪花飞落十丈谷”，足证溪上的亭池之胜，与退溪山庄形成一种雅致组合。还有他的书斋，因斋前有溪，引水作碾，故名室曰“碾斋”。园中种有芭蕉、竹林、梅花、杏树、荷花等，在二十亩的范围内，集生活起居、诗书雅集、课徒学习于一体。他还喜画石，在《戏题画石册子十二首》写道“本来不是人间玩，未许园林妥帖安”。在这之前的扬州“小山园”、崞县“可园”，无论从场地规模还是营造空间氛围上来说都不及此园。

退溪山庄因园主人书画名得以远传，与此同时，他的诗友们也有园林之好，比如宁氏园、蒙园、汪氏啸园等，龚氏都曾去看过。龚有融去宁东坪家中游览宅园时，写诗以赠“颇爱君家亭子上，一瓯花乳逗轻圆。池亭隙地艳云霞，惠及名园色色花”。

《次韵李约庵先生春分前一日过江访蒙园》是龚有融以次韵的方式作的一首园林诗。其三云：“蒙园何处是，古木色苍苍。路认青苔径，轩开绿野堂。垂檐樱半熟，连砌笋初香。拄杖敲门入，先生醒亦狂。”又如其四云：“谁写林逋照，由来是主翁。朗吟坡老句，可是水仙风。倚树精神古，拈花色相空。梅妻兼鹤子，想象在图中。”末句“梅妻兼鹤子”指北宋著名隐逸诗人林逋，隐居西湖孤山，每逢客至，叫门童子纵鹤放飞，林逋见鹤必棹舟归来。自谓“以梅为妻，以鹤为子”，人称“梅妻鹤子”。苏轼曾作《书林逋诗后》云：“不然配食水仙王，一盏寒泉荐秋菊。”

《金剑山寺》和《再宿金剑山》是龚有融登临金剑山后所作的山水诗。从诗意看，“突兀撑空寺压巅，曾将画笔写遥天”的描写与乘舟顺江而下，长江北岸巍然耸立的猫儿峡、金剑山可以说是非常相近的，“突兀”“危崖”“县小于村”都在《邻水小城图册》《危崖孤舟图轴》画中出现。龚有融乘兴作诗，提笔就作，也可以从相关的石刻文物中找到印证。“云木出秀”刻于清道光三年（1823年），通宽2.6米，字径高0.6米，楷书阴刻，款署“道光三年”“晴皋书”。“云木”形容高耸入云的树木。苏轼《雷州》其二云：“层巢俯云木，信美非吾土。”2020年2月，该题刻被公布为第二批大渡口区文物保护单位，是研究龚晴皋手书摩崖题刻艺术的重要实物资料。

五、结语

龚有融是重庆巴县历史上颇有影响的文化名人，书画擅名一时，然而对于他的诗歌、诗风，有关的讨论并不多。笔者认为对龚有融《退溪诗集》一书的研究，具有重要的辑佚、校勘价值，结合诗书画印研究，更有助于全面深入地了解和认识龚有融的诗性理想精神。本文对龚有融的生平及其诗学观点，《退溪诗集》成书过程，诗人宦游时期的园林诗作，退溪山庄时期的园林诗文书写等四个方面进行了比较深入的研究。又探讨了龚有融“绥山樵子”“拙老人”“避俗”“退溪居士”各号的缘由，并初步阐释其与隐逸倾向的关系。综上所述，园林诗在龚有融诗歌中占有重要地位。他在幕府生涯、赴试、宦游、归隐中均与园林结下了不解之缘，所到之处无不访碑探幽、种花造园，将游历所见化为诗材，园林诗文书写可称是龚诗中艺术性最高的作品。他致仕后回到家乡，临溪筑庐，“葺我茅屋，乐我林泉；品我墨妙，恭我画禅”，同时也造就了他一生文学、书法及绘画创作活动的成熟期。龚诗中往往把所咏之物放在园林景观中加以描摹，比如亲作诗文以“小山”“嚼亭”“可园”“退溪”“碾斋”“贯虹”命名之，意趣横生，一方面为园林景观赋予了“文心”；另一方面也抒发了自己对山川胜景、文人园林的景仰之情。这种诗歌创作中的园林意趣和淳淡脱俗的诗风诗境，从他留下的诗文中，可以窥见一斑，希望能对龚诗的价值有所确立。

参考文献：

[1][16]四川大学古籍整理研究所.儒藏史部第179册儒林史传第79册四川儒林文苑传[M].成都：四川大学出版社，2008：809-811.

[2][5][33]朱之洪等修，向楚等纂.民国巴县志.见：中国地方志集成·重庆府县志辑(第4册)[M].成都：巴蜀书社，2017.

[3][清]郭尚先.芳坚馆题跋[M].毛小庆点校.杭州：浙江人民美术出版社，2018：101.

[4]赵熙，王仲镛.赵熙集(中)[M].杭州：浙江古籍出版社，2014：693.

[6][11][12][13][14]段廷琛.退溪诗集·序二[M].咸丰二年(1852)巴县龚氏刻本.

[7][9][10]龚有晖.退溪诗集·序一[M].咸丰二年(1852)巴县龚氏刻本.

[8]朱之洪等修，向楚等纂.民国巴县志.见：中国地方志集成·重庆府县志辑(第5册)[M].成都：巴蜀书社，2017.

[15]张寅彭.清诗话全编·康熙期第十册[M].杨焄点校.上海：上海古籍出版社，2018.

[17]汉宝德.物象与心境：中国的园林[M].北京：生活·新知·读书三联书店，2014：164.

[18]江苏省地方志编纂委员会.江苏省通志稿·人物志[M].南京：江苏古籍出版社，1991.

[19][清]杨福鼎，[清]陈嘉谋纂.光绪续修高淳县志[M].清光绪七年刻本.

[20][清]纪圣训.天一阁藏明代方志选刊·嘉靖高淳县志江苏省[M].上海：上海古籍出版社，1963.

[21]秦志豪.锡山秦氏寄畅园文献资料长编[M].上海：上海辞书出版社，2009.

[22][明]圆显，邵宝，[清]邵涵初等.惠山记·惠山记续编[M].苏州：古吴轩出版社，2006.

[23]刘纬毅.汉唐方志辑佚[M].北京：北京图书馆出版社，1997：199-200.

[24]吴松弟.两唐书地理志汇释[M].合肥：安徽教育出版社，2002：150.

[25][27]凤凰出版社.光绪续修崞县志.见：中国地方志集成·山西府县志辑(第14册)[M].南京：凤凰出版社，2014.

[26][清]俞廉三修，[清]杨笃纂.光绪代州志十二卷·卷十二：大事记[M].清光绪八年(1882)刻本.

[28][明]董其昌.容台集[M].杭州：西泠印社出版社，2012：278.

[29][31]胡昌健.龚晴皋年谱：恭州集[M].重庆：重庆出版社，2008：262-263.

[30]凤凰出版社.乾隆崞县志.见：中国地方志集成·山西府县志辑(第14册)[M].南京：凤凰出版社，2014.

[32][汉]刘向，[晋]葛洪.列仙传[M].上海：上海古籍出版社，1990：7.

[34][清]朱稑.读苏轩诗草四卷.见：清代诗文集汇编(第440册)[M].上海：上海古籍出版社，2010：287.

关于文旅融合背景下全国艺术研究院(所)发展的思考

编者按:

在国家文化和旅游机构调整的背景下,全国各省的艺术院所就自身的特点、优势和现状,有着新的思考和探索。她们将在新的文化格局和规划下,深入推进文旅事业的大繁荣和大发展。

文旅系统的科研院(所)需转型发展

张超:(江苏省文化艺术研究院院长)

目前,文旅系统除了海南省尚未设立省级文化艺术旅游研究机构,其他省、自治区、直辖市均设有省级文化艺术旅游科研院(所)。这些机构的名称不尽相同,有的名称为"艺术研究院(所)",有的名称为"文化艺术研究院(所)",有的名称为"文化和旅游研究院"。不管叫什么名称,其基本职能是研究。除研究职能外,有的还承担创作、艺术档案管理、非遗保护等职能,不一而足。多种职能并存导致专业技术人员的职称系列多元化,不同职称系列评聘要求各不相同,这也增加了日常管理的难度。职能定位不清晰,也容易导致研究院(所)被弱化、边缘化,不少研究院所一直在夹缝中求生存。

适应文旅融合的新要求,省级文化艺术旅游科研院(所)都要谋求转型发展。

一是职能定位要转型。首先,要确定基本职能。就便于管理的角度而言,单一的研究职能最有利于研究院所的发展。多种职能并存意味着多种职称系列并存,为此也需要多种考核体系。事实上,很难做到分类管理与考核,只能实行简单的粗放式管理。就现实而言,根据目前各省级文化艺术研究机构已承担的职能,可以确定科研、创作、艺术档案管理为省级文化艺术科研院(所)的基本职能。其次,要把智库建设作为自身发展的目标。贯彻落实中共中央办公厅、国务院办公厅印发的《关于加强中国特色新型智库建设的意见》精神,为文化建设、为艺术生产、为旅游发展出谋划策,成为政府认同、学界认可、社会欢迎的中国特色新型文化旅游智库。最后,要统一单位名称。现在,各地区的文化艺术旅游研究机构的名称各不相同,所谓名不正言不顺,有什么的名称意味着该有什么样的职能。适应文旅融合的新要求,理所应当要加强旅游的研究,但"艺术研究院"承担旅游研究任务就有点名不副实,建议统一为"××省(市、区)文化和旅游研究院"。

二是研究对象要转型。全国的文化艺术研究机构都面临着从当初的戏曲研究到艺术研究到文化艺术研究再到文化艺术和旅游研究的转型。树立研究大文化和旅游的观念，将旅游有机地融合到文化艺术研究中去。

三是服务对象要转型。2002年，当时的文化部下发的《关于加强全国艺术研究院所建设的意见》明确指出，艺术研究院所要围绕文化行政部门的中心工作进行相关研究。如今，文化艺术研究机构要进一步增强科研的服务意识。为政府服务，提供决策咨询；为社会服务，提供高质量的文艺评论，引导文艺欣赏、文化消费；为文化企业服务，提供文化产业政策解读，助推文化产业健康发展；为艺术创作服务，研究艺术生产规律，加强艺术作品的评论，促进艺术创作繁荣发展；为旅游发展服务，加强旅游研究，促进文旅融合。

衔接、延展、微调——吉林省艺术研究院的有益探索

孙桂林：（吉林省艺术研究院院长）

文化发展规划的有机衔接，甚至比“跨越式发展”更符合文化发展规律。

“十三五”时期，吉林省艺术研究院的工作目标确定为“整合资源，转型升级”。在文化和旅游部科技教育司和吉林省文旅厅的领导和支持下，经过五年的努力拼搏，通过整合本省文化资源和研究队伍资源，基本实现了传统的基础理论研究型向基础理论与应用理论相结合的现代智库型转变，成果转化能力和决策咨询功能得到大幅度提升。具体实现路径有三个。

一、借助平台

借助国家艺术基金、国家社科基金平台，推动本院工作全面升级。

仅以国家艺术基金为例，我们连续三年获得国家艺术基金艺术人才资助项目，通过国家艺术基金的规范运作以及与全国业界顶级专家的交流、全国各地学员的互动，全院综合管理、业务品质都得以整体提升。与此同时，本院有6位创作人员7人次获得国家艺术基金剧本创作资助，青年编剧进入全国舞台艺术人才视野，为我院“一刊”（核心期刊《戏剧文学》）、“两馆”（吉林省东北二人转博物馆、吉林省文化艺术资料馆）、“三个中心”（省非遗保护中心、省剧本创作中心、文化艺术研究中心）、“四个领军人才”架构及其建设起到了助推和驱动作用。

二、打造平台

2017年，在全国各兄弟艺术研究院所的支持下，我们发起成立全国省级艺术研究院所联盟，为推动建立独立的艺术研究体系和艺术评价体系迈出了第一步。

通过建立各省院所之间的交流机制和交流渠道，创造了我们向兄弟院所学习的机会，也通过资料交流、人员往来，对不同地域文化艺术有了深入了解，有助于从更宽广的视野和对比的方式透视本地地域文化，使文化艺术基础理论研究更科学、更准确，应用理论研究更具针对性、更具操作性。

三、创建平台

2019年开始，我们率先开办全国第一家“剧本超市”，不仅使本省剧本打破区域界限进行规范化流通，使好剧本找到好婆家成为可能，外省剧本也开始进入“超市”。国家艺术基金管理中心扶持的40多部剧本在“超市”里被抢先认购。这一尝试说明：艺术创作成果的大平台交流，有利于文化资源的合理有效配置。

另外，我们还先后申报并获评省社科规划研究基地两个（吉林省特色文化研究基地——二人转文化研究基地；吉林省重点领域研究基地——非遗研究基地），研究课题和研究经费获得常态化支持。

2021年是“十四五”的开局之年。新时代，应有新作为；新起点，应有新贡献。但我们仍然不忘遵循文化发展规律，力求可持续发展和有机衔接。

因此我们确定的关键词是：衔接、延展、微调。

“十四五”时期，吉林省艺术研究院把目标确定为“活化资源，传播价值”，以文旅融合为契机，激活资源，挖掘价值，传播文化影响力，达到“文以载道，旅以致远”的文旅发展新境界。具体实现路径有四个：

（一）搭建区域研究和展示平台

以“东北亚文化圈”为平台，联合区域内文化研究机构，将各自地域文化艺术资源置于东北亚文化视域下，建立机构联动机制，打破国别和行政区划束缚，以经典演艺和非遗展示展演为载体，定期举办“东北亚文化论坛”，既寻求文化共识，也理清各自的文化坐标，传播和输出本区域的生活方式和价值理念，助推旅游产业同步发展。

（二）倡导建立独立的文化研究体系和艺术评价体系

文化艺术研究院所自身的研究体系及评价体系的建立，既是文化艺术研究的重要维度，也是实现自我生存的必要途径。“十四五”期间，将继续为此做不懈的努力。

（三）力求创作成果和研究成果的多渠道转化

剧本创作上，仍然以“剧本超市”为载体，为创作成果流通做好优质服务；在资源整合的基础上，大型文化工具书《吉林文化概览》（文化珍藏版）和《吉林文化概览》（文化旅游手册版）等图书，以及旅游演艺研究等课题（理论研究版、应用版）都将在成果转化上做大胆尝试。

（四）深度把握文旅融合发展中的“各美其美”

在文化艺术研究、旅游产业研究以及二者融合发展研究中，我们秉持这样的理念：没有文化的高度，就没有旅游的关注度；没有旅游的关注度，就没有文化的宽度。文化和旅游不应在山间拥抱，而应在巅峰相遇。

广东省艺术研究所现状与发展方向

王炜:(广东省艺术研究所所长)

广东省艺术研究所是广东省文化和旅游厅直属公益一类事业单位,前身是1953年成立的广东省、广州市戏曲改革委员会;1957年,更名为广东省戏曲研究会;1961年,更名为广东省文化局戏曲研究室;1963年,更名为广东省文化局戏曲工作室;1974年,更名为广东省戏剧改革工作室,由广东省革命委员会政工组文艺办公室设立;1978年,更名为广东省戏剧研究室;1984年,改名为广东省艺术创作研究室,同年改名广东省艺术研究所并一直沿用至今。

广东省艺术研究所的主要职能是开展艺术创作和艺术研究工作;承担国家、省下达的艺术科学课题的研究;指导和参与全省重点剧(节)目艺术创作;研究和开发艺术信息;负责艺术创作研究理论刊物的编辑、出版;承担国家级非物质文化遗产粤剧项目的传承和保护;维持国家艺术基金广东省实施项目管理办公室的日常管理和运作;策划举办大型文化艺术活动。

广东省艺术研究所核定编制40人。下设办公室、《广东艺术》编辑部、艺术研究中心、艺术创作中心、艺术发展中心及艺术档案中心六个部门。

近年来,我所承担全省改革开放40周年、新中国成立70周年、全面建成小康社会和建党100周年等重要时间节点的专题创作工作;策划创办了"华语戏剧盛典"和"粤戏越精彩"等品牌活动;还出版了《广东戏剧文库·优秀剧作选(1949—2019)》《粤剧传统剧目汇编》等一批理论成果。

广东省艺术研究所强化五大方向定位:

1.全省戏剧创作组织、辅导、研究与评论的应用机构;

2.地方戏曲艺术保护、传承、创新与发展的研究机构;

3.全省艺术现状与发展的政策智库型机构;

4.关注当下,推动舞台艺术产学研综合发展的实验机构;

5.承担国家和省的课题及其他任务。

广东省艺术研究所目前在做的,也是未来要做好的八项工作:

1.突出主要工作:首先做好本省的戏剧(特别是戏曲)创作组织、辅导、研究与评论工作。

2.完善工作机制:在全省的重点地市建立和联系相对稳定的艺术创作研究室等机构,形成全省范围的工作网络。

3.做强媒体阵地:编好《广东艺术》杂志,并突破纸媒体的局限,做好杂志自媒体的建设与传播。

4.以品牌活动为抓手:做好"华语戏剧盛典"和"粤戏越精彩——经典折子戏展演""粤戏越精彩——广东戏曲行当大赛""粤戏越精彩——戏曲小剧场展演"等品牌活动,推动戏曲艺术的"双创",同时坚持做好广东省艺术评论比赛等活动。

5.产学研综合发展:每年参与策划、制作戏剧作品,并与相关高校互建基地,推动产学研的综合发展。

6. 权威发布：建设智库型艺术科研单位，每年编写一部全省舞台艺术现状与发展的蓝皮书，对舞台艺术创作、制作、演出、经营、市场人才等全链条进行系统分析。

7. 加强艺术学科研工作：主要为本地戏曲剧种和当代艺术生态实践做好扎实的学术研究，推出系列理论成果，加强全省的艺术档案数据库建设。

8. 紧紧围绕区域重大战略框架下的文化建设，如：粤港澳大湾区背景下的粤港澳戏剧合作等。

在文旅融合视角下对旅游的再认识

林凡军：（山东省文化艺术研究院院长）

文化和旅游部成立伊始，“推进文化和旅游融合发展”是机构职能编制规定的一项职责，“文化和旅游融合”从这里开始成为社会经济文化发展领域的重要议题。从机构、政策、实践、理论几个方面看“融合”的现状。

机构融合基本完成。文化和旅游部成立以后，行政手段主导着自上而下的机构调整，省、市文化和旅游厅局依次整合成立，能融则融、应融尽融得以贯彻，初步形成了大文旅事业和大文旅产业的行政管理格局。

政策法规有待加强。文化和旅游部成立以后，还没有针对文化和旅游融合发展的专门法规出台，正在制定中的文化和旅游领域“十四五”规划，对于文化和旅游融合如何进行顶层设计，值得期待，却也难以寄予过高期望。

理论研究需要突破。总体上，关于文化和旅游融合的研究成果，文化领域和旅游领域的跨界研究没有真正打开局面，还缺少系统性和权威性论断，诸多理论视角没有破题，探讨的维度还有局限，滞后于实践需要是尴尬的现状。

实践领域的探索和创新亮点纷呈。文化和旅游融合的实践，包括文化事业、文化产业、旅游事业、旅游产业之间的交叉融合及其叠加交叉融合。在产业转型升级高质量发展、供给侧结构性改革、产业数字化智能化等多重背景下，文化和旅游的新内容、新模式、新业态创新广泛展开，新场景、新消费、新体验不断呈现，但是还限于碎片化的点状，期待中的全新产业还没有形成整体轮廓，发展的路径也有待检验。

文化和旅游融合这一议题的拆解，应该从“文化”和“旅游”两个构成要件的再认识开始，然后再从二者之间的联系和相互作用探讨融合的问题。这是深化“文化和旅游融合”问题已经的可行路径。

这里首先重点聚焦“旅游”，从事业和产业两个视角看“旅游”的前世今生。对“旅游”进行事业和产业视角的观察，又可以分为行政主体和运营主体两个观察的对象。行政主体主要是指国家旅游局，包括机构职能演变的过程，运营主体主要是指旅游企业和旅游事业单位。

国家旅游局的前身，可以追溯到1964年，第二届全国人大常委会批准成立中国旅行游览事业管理局，并与中国国际旅行社总社合署办公，直属国务院，由外交部代管。中国国际旅行社总社1954年4月15日在北京正式成立，定位是隶属国务院的外事接待单位，具有企业属性，因为当时没有专门管理旅游业的行政机构，实际上代行了一定行政管理职能。中国旅行游览事业管理局成立之初，与中国国际旅行社总社“两块牌子，一套人马”，实质上是局社合一、政企合一的体制。到了1982年，“政企分开”。1984年，中国国际旅行社总社从外事工作中退出，转为独立经营、自负盈亏的旅游企业，成为的市场主体。1989年成立中国国际旅行社集团，1998年底转为中央直接管理，2016年与港中旅集团合并重组为中国旅游集团，现在已经发展成为我国旅游产业中的国有骨干企业。

改革开放初期，要大力开展旅游事业。中国旅行游览事业管理局1978年改为直属国务院的中国旅行游览事业管理总局，由外交部代管，另外还在国务院成立了旅游工作领导小组。1981年中国旅行游览事业管理总局不再由外交部代管，改由国务院直接领导。1982国务院直属机构改革，更名为中华人民共和国国家旅游局，但是还直接管理中国国际旅行社、中国旅游服务公司、中国免税品公司、康辉旅行社、国际饭店等旅游企业，直到1998年才实现政企脱钩，工作重心全面转移到行业行政管理。

从新中国成立初期的外事接待（应属事企合一），到20世纪80年代初期的政企合一、政企分开，90年代末的政企脱钩，特别是改革开放以后大力发展旅游产业和逐步强化旅游行政管理，旅游产业迄今已经发展成为万亿级规模的国民经济支柱产业。而国家旅游局在2018年与文化部一起机构调整成立文化和旅游部，进入了文化和旅游在政、事、企几个方面融合的新阶段。

从这个发展历程中回望“旅游”，再从最新的顶层设计中前瞻（《中华人民共和国国民经济和社会发展第十四个五年规划和2035年远景目标纲要》中关于“推动文化和旅游融合发展”的表述为：坚持以文塑旅、以旅彰文，打造独具魅力的中华文化旅游体验。深入发展大众旅游、智慧旅游，创新旅游产品体系，改善旅游消费体验。加强区域旅游品牌和服务整合，建设一批富有文化底蕴的世界级旅游景区和度假区，打造一批文化特色鲜明的国家级旅游休闲城市和街区。推进红色旅游、文化遗产旅游、旅游演艺等创新发展，提升度假休闲、乡村旅游等服务品质，完善邮轮游艇、低空旅游等发展政策。健全旅游基础设施和集散体系，推进旅游厕所革命，强化智慧景区建设。建立旅游服务质量评价体系，规范在线旅游经营服务），就容易对“以文塑旅，以旅彰文”的“旅游”做更准确的判断。

《中华人民共和国国民经济和社会发展第十四个五年规划和2035年远景目标纲要》（以下简称《纲要》）中关于“推动文化和旅游融合发展”的集中表述，基本上完成基于产业视角。从产业实践的现状和发展趋势看，这些任务的完成主体是市场，政府起引导和扶持的辅助作用。《纲要》还在产业数字化等部分多处涉及旅游的内容，也有关于行业治理等政策层面的相关表述。这些应该会在各级十四五规划和专项规划中产生联动效应，可以期待文化和旅游融合的专门政策早日出台，融合发展高质量发展的政策保障进一步强化。

理论研究的滞后，在新兴产业领域比较普遍，这也是政策可以引导并扭转局面的，比如搭建高质量的政产学研平台，培育和扶持专业智库尽快发展，建立相关工作机制，都是着力不多容易见效的有效措施。

文旅融合背景下科研院所转型升级发展路径的思考——基于重庆市文化和旅游研究院的基本实践

郎莹莹：(重庆市文化艺术研究院)

新时代背景下，文旅融合成为一个具有国家发展战略意义的大课题。随着文化和旅游事业产业的不断发展，国家文化和旅游发展方向和趋势不断变化，省级地区对发展政策、热点问题、应用对策等研究有着强烈需求，如何紧跟时代步伐服务发展需要，如何精准发力科研攻关，如何保持机构持久生命力，成为省级科研院所当前乃至今后很长一段时间需要探索解决的问题。重庆市文化和旅游研究院在习近平新时代中国特色社会主义思想指导下，在6年多的工作实践检验下，明确"基础理论研究"和"文旅智库建设"两大核心思想，逐渐走出一条既满足单位发展需要，也符合时代发展规律；既体现学术为本思想，也彰显创新发展精神；既提升科研人员整体素质水平，也发挥科研服务社会发展积极作用的发展之路。

一、坚持改革思维，适应文化和旅游发展大势

思维决定认知，认知决定行为，行为决定结果。通过不断的实践总结，坚持改革思维指导工作方向，用改革破题新发展格局，才能与时俱进，不断抓住机遇，开创事业新局面。

一是树立强烈的改革意识。过去的几十年来，我们科研工作主要是围绕艺术研究展开，该固有模式已经无法满足不断"提速"奔跑的时代发展需要，不能更好应对文旅发展新格局，只有从源头上，宏观上打破固有思维，才能不断推陈出新，发挥科研价值。通过改革，我们把只承担艺术研究的职能扩展到文化和旅游的角度上来，把只注重基础研究的业务方向扩展到智库功能的服务上来，把只注重自主研究拓展到搭建研究平台上来。

二是适时进行机构改革。为了顺应发展需要，2014年在重庆市文化艺术研究院的职能里增加了宏观文化研究，打破了单一的艺术研究思维。2018年增加了文化产业研究职能，更名为重庆市文化研究院。2019年增加了旅游研究职能，更名为重庆市文化和旅游研究院。2020年增加了规划工作职能，增挂了重庆市文化和旅游规划院牌子。随着职能调整，内部机构也适时调整，增设了文化发展研究中心、文化产业研究中心、旅游发展研究中心、规划工作部。

三是科学转化研究成果。以往主要是通过论文发表、学术著作等传统纸媒体传播学术观点、思想及成果，随着新媒体的发展和信息化提速，我们在保有原渠道基础上，还通过华龙网、人民网重庆客户端、微信公众号、电视台等融合媒体，将科研成果、专家团队、研究观点、社会效应及社会评价进一步推广，不断提升社会认同力、影响力和市场拓展能力。

单位机构设置

二、确立核心思想，找准科研工作的最佳方位

科研是科研院所的立身之本，发展之基，应对世界大变局下文化旅游发展面临的机遇、压力和挑战，作为一个地方文化旅游发展的重要研究机构，如何坚持有效智力输出，真正发挥“解疑释惑”作用，功能定位十分重要。实践中我们充分体会到，既要注重推动当前文化旅游发展，发挥好智库功能，又要注重学术久久流传，发挥好基础性研究。如果只重视解决当前文化旅游发展中的问题，而忽视了基础性长远性研究，虽然对当前发展有所贡献，但是会缺少学术沉淀，难以建立学术高地。如果只重视加强基础科研，虽然出版了很多学术著作，研究了一些根本性长远性问题，对长远发展发挥了积极作用，但对当前的工作推动就失去了价值。对此，智库功能和基础研究必须统筹兼顾，双轮驱动，两条腿协调发展。一方面，加强智库建设。我们紧紧围绕国家文化旅游发展大局，紧紧围绕市委市政府文化旅游发展方向、工作重点、政策措施、热点难点问题，紧扣宏观文化、文化产业、旅游发展、规划编制等四个方面的工作，先后完成了长江经济带建设中的文化发展研究、重庆市少数民族文化保护与利用研究、重庆夜间文化和旅游经济研究、重庆旅游推介研究、重庆统战文化研究等36个专题研究。另一方面，强化基础科研。着眼于舞台艺术、川剧艺术、巴渝文化、非遗保护等研究，实施了四大系列研究，比如川剧学系列研究25个课题，已经完成“重庆川剧发展史”“图说重庆文化史”的研究。出版《重庆非物质文化遗产系列丛书》13卷，正在出版《川剧剧本文献辑编》（100卷）。《重庆国家级非遗项目学术丛书》44卷80万字，已经实施两年；《重庆老艺术家记忆丛书》30卷，已经出版10卷；《重庆国家级非遗传承人传记丛书》59卷，正在撰写之中。这一系列研究成果计270余卷。

川剧艺术研究

巴渝文化研究

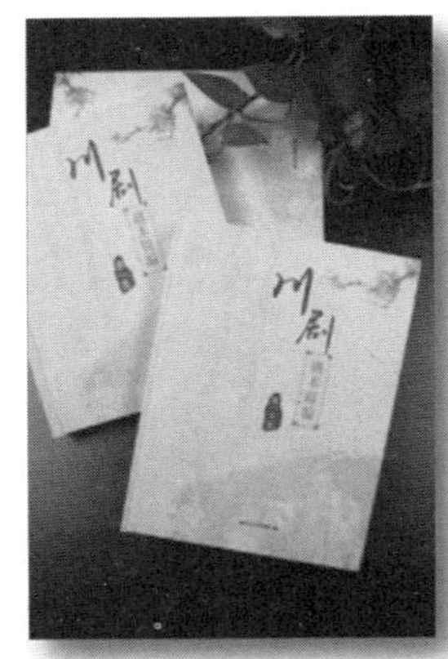

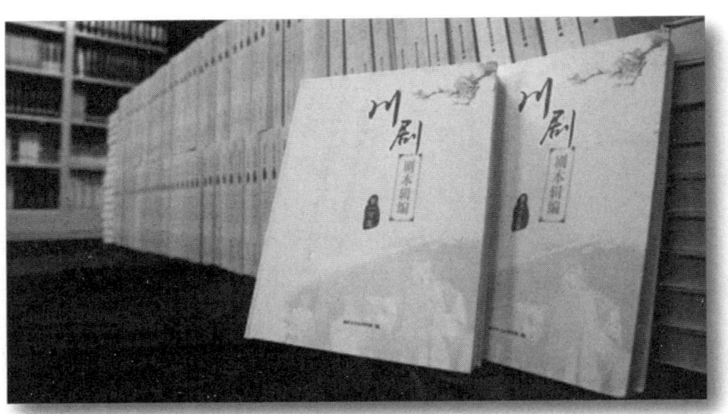

川剧剧本文献辑编(100卷)

三、整合人才资源,多方位调动科研力量和积极性

在科研活动中,人是最大的生产力,优秀的科研成果总是与优秀的科研工作者或科研团队结合在一起。在省级科研机构承担艰巨繁重任务,对接和实施重点科研课题的过程中,科研力量都是不可或缺的要素。在文化和旅游发展新格局下,人才结构的短板一定程度上会制约院所科研工作的转型和有效开展,进而影响院所发展进程。对此,为了更加有效地开展研究工作,特别是解决人员力量不足的问题,我们在大力鼓励自主研究的同时,积极发挥平台作用,把相关项目扩充到社会,引入社会力量共同研究。一是强化自主研究,夯实科研基础。目前研究骨干多为中青年,正是事业发展的黄金期和加速期,加以鞭策和激励,推动研究力量快速提升、独当一面,是我们的着力点。近年来,始终坚持项目育人,建立“三会”制度,每年度要策划一批课题、向上级申请一批课题、横向部门协调一批课题、市场上拓展一批课题,在确定牵头部门进行科研的同时,单位内部进行综合调剂,自愿申请,课题组确认,平均每个工作人员同一时期承担着3~5个课题,通过实践提升自主研究水平。二是强化科研效用,扩充研究平台。始终以推动重庆文化和旅游发展科研为己任,进一步强化全员性研究、

利用学术平台吸纳全社会研究力量开展研究工作的理念，强化课题引领，搭建交流平台，着力引进相关领域专家、专业人员参与合作项目，联合举办各种座谈会、研讨会、高峰论坛等学术交流活动。三是强化内外合作，提升学术效力。很多文化和旅游研究机构、规划设计机构，人才配置上难以做到全能。一些社会专业机构大多长于技术层面。我们则采取取长补短，互为双赢的模式，开展了一系列项目合作。与重庆旅游投资集团旅游规划院合作完成了《重庆山城步道规划》《重庆重大公共文化设施提升研究》，他们做技术部分研究，我们承担文化部分研究，取得良好效果。

四、注重成果转化，增强影响力和传播力

研究成果频出，学术活动频繁，但成果没有及时转化，学术观点没有得到有效传播，没有更好地服务文化旅游发展，我们的研究工作真正意义上也只做好了一半。如何掌握宏观与微观、理论与实操的融洽结合，从出成果到利用成果转化服务社会发展，进而指引我们推出更多高质量成果形成科研闭环，是科研机构需要不断思考和解决的问题。通过实践总结，我们既要不断夯实业绩基础，又要强化研究成果的实效性转化，注重做好宣传展示工作，才能杜绝纸上谈兵，使成果具有实际指导意义，进而不断提高单位影响力和传播力。

一是注重务实选项。我们深知川剧研究、舞台艺术研究、巴渝文化研究、非物质文化遗产保护研究、文化产业研究、旅游发展研究是研究的重点，必须长期坚持。在现有研究成果基础上，如何将上述研究主题更全面、更深刻、更系统地深入下去，是我们一直重视和不断解决的重要问题。近两年来，围绕这些主题策划申报国家级、省部级、厅局级课题共30余项，在各类杂志发表学术文章100余篇、艺术评论80篇，出版著作50余部。其中文化部课题《沈铁梅川剧表演艺术研究》专著得到艺术界广泛赞誉。《重庆川剧发展史》被列为重庆社会科学规划重点项目。新中国成立70周年舞台艺术系列研究、文化旅游主题研究、非遗系列宣传展示活动等，都充分体现他的实用性。

二是时时转化成果。学术需要研究，更需要传播，近几年我们在如何构建好科研人员与受众之间的“桥梁”，通过成果帮助科研人员更好审视自己的研究方向与研究思路，更好推进学术成果转化等，在新媒体和传统媒介上同时发力，多语言风格转变文章形式，多渠道发挥作用，把研究成果、学术思想、工作活动第一时间进行传播，积极发挥研究成果的功用和社会影响。在华龙网上发表的关于“重庆文化发展战略研究”“重庆‘两江四岸’文化旅游专题研究”“重庆夜间文化和旅游经济研究”“新中国成立70周年重庆市舞台艺术巡礼”等系列研究文章和评论文章受到社会各界人士广泛关注，其中有的点击率高达9万人次。围绕宏观文化、舞台艺术、巴渝文化、非遗保护四大主题出版的学术成果，如《重庆老艺术家传记性丛书》及名家风采专题片（38卷）、《重庆非物质文化遗产系列丛书》（13卷）等得到老艺术家本人，各领域专家的充分肯定，各相关单位积极对接我们希望能收藏学术丛书，进而为科研工作提供借鉴和参考。

三是着力学术贡献。我们不仅要开展主体研究，同时还要成功运用研究成果，为文化和旅游业

不断创新、不断发展做出学术贡献。比如在文化产业研究基础上，开展政策性指导文件的起草，开展实地调研、现场评审和各级各类先行示范区的创建指导工作，都是学术研究服务社会经济发展的重要体现。再如策划开展“传统与新传统——重庆市专业文艺院团调研课题”，该系列调研填补了我们长期以来对文艺院团研究的空白，这项工作对于研究单位来讲，既提升了系统内外的影响力，也充实了舞台艺术调研的内容，同时助推了文化旅游、文化艺术的发展。

名家风采专题片

五、强化素质培养，多渠道提升人员能力

业务职能不断拓展，工作方向不断创新，各级各类课题持续跟进，各项工作任务不断加码，对我们人员的能力和水平提出了巨大的考验。单位的发展和人员的发展是相辅相成的，作为省级研究机构，一个强有力的工作团队是必备条件。在人员的全面培养上，我们讲究“内功”修炼，也强调“外治”结合。

一是强化提升性培训，及时吸收前沿性知识。人才是单位发展、事业发展的关键要素，加强人才队伍建设是我们的必修课。多年来，始终坚持年初有计划、阶段有实施、培训生实效。每年都安排人员赴北京、上海、安徽、浙江、四川等学术氛围浓厚的地区参加全国性培训，让大家在这些国家级培训中吸收前沿理论和前沿知识。

二是强化“干”“学”一体，被迫性“持枪上阵”。采取重点工作统筹实施，疑点难点逐个击破的方法，通过任务倒逼来提升能力素质，推动全院职工干中学，学中干，向书本学、向专家学、向实践学。同时计划采用以课题申报制为主要培养方式，聘请专家采取“师带徒”模式，提升我院科研中坚力量整体素质能力和研究水平。

三是强化学术交流，注重学术表达。科研工作的意义和价值，更多在学术表达、传播、交流与对话，用学术诠释成果。我们高度重视学术交流互鉴，积极搭建学术交流平台，积极参与学术活动，充分利用各级别各层次学术论坛、会议，建立长期而又稳定的学术对话机制。通过提交学术论文、大会发言等交流方式，不断扩大单位学术影响力。同时，我们也在开展各项研究工作过程中不断思考探索适合本单位发展规律的内外交流机制，确保引得进来，走得出去，在互通有无的智慧碰撞下，不断提高学术研究质量和水平。建立“专家顾问团”机制，广泛吸收重庆乃至全国相关领域专家为我所用，通过项目合作，扩充研究力量，补足研究短板。建立“人才外放培养”机制，根据需要安排研究骨干参加国家、相关省市专业培训，到区县、院团、企业开展专题调研，指导文化事业、文化产业和旅游业发展业务工作。

六、拓展业务职能，推动院所多样化发展

在世界大变局下，在不断改革创新的时代进程中，坚持一成不变，有时候会走入现实困境。自文化和旅游部成立后，以艺术研究为主的业务职能与地方文化和旅游的发展态势不相适应，各省市科研院所面临改革难题。我们在坚持科研为主的基本原则不变基础上，开发非遗传承保护、艺术档案建设、规划策划研究等多元职能，谋划市场拓展、创新科研管理等多元方式，使单位得到全面发展，作为改革破题之举。

一是开发多元职能。积极做好非遗传承保护工作，指导实施“非遗+旅游”项目建设，助推旅游发展，让非遗“活”起来。开展艺术档案建设，加强开发利用，推动成果转化，编辑出版各类传记丛书和学术丛书。拓展规划策划职能，全面启动规划编制工作，今年6月即将完成“十四五”系列规划10个项目，规划涉及市级层面、区级层面，既有宏观规划，又有专项规划。

二是谋划市场拓展。培育市场意识，梳理经营理念，主动对接市级相关部门、区县政府机构、社会机构和加入政府采购云平台，在研究、策划、规划等方面拓展市场业务，先后有400余万的市场项目立项。

三是创新科研管理。对课题立项、发表文章、出版专著、获得奖励等予以科研奖励，对参与专项经费课题予以稿费支付，不断激活科研人员干事创业的热情和活力，助推单位全面发展。

市场拓展项目

重庆文化旅游研究系列评论

——评重庆民乐团及其作品

编者按:2017年至今,重庆民乐团经历了乐团制度化建设,展露出专业文艺院团的体系、规模和气场,独立跻身于重庆市专业文艺院团之列。我们这三篇系列文章以重庆民乐团及作品为研究对象,介绍讨论她的建设和改革成果,并以2020年年底新创的大型情景国乐剧《告别千年》为例,分析其艺术探索的方式、价值和问题,以期民乐团能做出更加优秀的作品。

重庆民乐团的转身和亮相

周津菁　吴泽琴(重庆市文化和旅游研究院、重庆外语外事学院):

重庆是一座有民乐传统的城市。20世纪50年代,随着重庆杂技团的建立和壮大,作为杂技团演出伴奏形式的重庆民乐团始成雏形,此后数十载经营,丝弦声声,文脉不断。1997年,重庆市曲艺团以本团乐队为基础,正式从重庆杂技团接手民族乐团,并广泛招募重庆市各专业文艺院团民乐演奏艺术家和全市业余民乐爱好者参与,正式组建重庆民族乐团,隶属于重庆市曲艺团。2017年,著名指挥家何建国正式接手重庆民乐团,开启重庆民乐新历程。到今天,重庆民乐团经历了乐团的正规化建设,展露出专业文艺院团的体系、规模和气场,并在行政体制上脱离了重庆市曲艺团,独立跻身于重庆市专业文艺院团之列。重庆民乐团在行政体制上的"转身"和在艺术上的"亮相",寄托着几代重庆民族音乐人的智慧和心血。重庆民乐团正在以她作品的积极呈现,坚实地站立成一个优秀的重庆本土文艺团体,并努力寻找巴渝音乐文化在中国音乐界的存在感。

一、重庆民乐:转身

重庆民乐团在体制上的"转身"意义非凡,这不仅是文化体制改革路上一个专业文艺院团的做大做强和超越自我,也是重庆民乐在积淀了70载之后的厚积薄发。重庆民乐站立在巴渝文化的根基和自身发展历史之上,接通国家文化资源,努力实现"大建构"和"大气象"。

何建国曾任中央民族乐团驻团常任指挥,乐队队长,几十年在外工作和打拼,已让他实现了音乐梦想，成为一个行家和名家，但他毅然回到重庆，担负起振兴巴渝民乐的重任，成为一团之长，只因他总惦记着，自己是一个土生重庆人。他就像一座桥梁，让重庆艺术界之外的音乐资源向重庆注入：他带来了作品和人才，更带来了文化理念上的碰撞和冲击。中国文艺界常津津乐道的文化“人格化”传播，一般都是指本土艺术家经历了地域文化身份的认同之后，将自己作为一种人格化的文化符号，向异地或者异国传播文化和艺术的行为。何建国团长的情况比较特别，他作为一个土生的重庆人，带着家乡的文化和情感，在中央音乐学院接受了正规音乐教育，并在北京工作了几十年之后，再回到重庆。他有着复杂的“文化人格”，重庆本土的文化观念和北京乃至世界音乐给予的文化思维长期处于共生和碰撞的情状，伴随着他对故乡文化的长期反思和殷殷游子之情。何建国有机会回到故乡，为乡亲们做事，也要感谢中央民族乐团。他在担任中央民族乐团演出中心主任的时候，中央民族乐团每年有一个帮扶项目，他曾参与对西藏、贵州、海南等地的帮扶工作（中央民族乐团先后在全国各地帮扶了20多个地方民族艺术院团）。何建国终于参与促成了属于重庆的项目。自2014年起，中央民族乐团与重庆民族乐团合作，演绎了大型民族管弦乐音乐会《和平颂》《大地悲歌》和《山水重庆》。这些作品向中国音乐界展示巴渝音乐文化悠远的历史文脉，厚重的文化底蕴和高远的山水意境。这些作品使重庆民乐提升到另一种高度和境界，是重庆民乐文脉的发扬和壮大，这也是数代重庆民乐艺术家共同的梦想。大作品呈现的背后，是大格局的音乐构想和大建构的思维格局。何建国向重庆带来了更广阔的思维和格局，同时又代表重庆向中国乃至世界音乐文化讲述巴山蜀水的千年历史和当下的时代转机。我们看到的一系列作品，如《巴渝风》《太阳颂》《思君不见下渝州》《告别千年》等，无不具有大历史、大文化的建构格局。

二、国乐新剧场实验：亮相

没有作品，一切思维和建构都为是浮云和空谈。重庆民乐团背靠着厚重的巴渝音乐文化和规范建制的乐团构架，走在与时代文化同行的路上。乐团秉持着开放的艺术理念，打造高度文化多元与形式综合的民族音乐作品，这种“实验剧场”集音乐、舞蹈、诗画、戏剧、曲艺、流行文化为一体，接通传统与现代，古典与时尚。

“跨界”早已经不是当代舞台艺术的新名词。而笔者认为“跨界”的最高状态在于众多艺术因素在美学意义上重新结构和融合，最终成为一个完整的舞台样式。无论是《山水重庆》《思君不见下渝州》还是《告别千年》，重庆民乐团的“新剧场实验”都在寻求音乐剧场艺术在美学价值上的整一。音乐、舞蹈、诗画、戏剧、曲艺、流行文化等众多舞台元素如果不经过细致的编排和呈现，而是“见子打子”地散落在舞台上，便不会具有舞台艺术的完整性，各个艺术门类的形式美感也会打折扣。成功“跨界”的第一层次是舞台各艺术门类按照文化、艺术和舞台逻辑进行排列和组合，做到形式新颖、表意明确，技巧娴熟；第二层次是所有艺术门类对统一美学价值的集体追求，使得整个舞台“造境”高远，在现代舞台兼容并包的音乐声场效益中，引发关于文化历史的深远哲思和情绪激荡。

《山水重庆》以重庆独特的地理、人文为主线，将“山水”的实物展现和意境描写贯穿于整部作品始终将景色、文化、精神三者围绕到一个主题上，为重庆的山、江、人、精、气、神勾画一张极富巴渝特点的“音乐彩绘”。音乐会的主要作品有:《峡江放歌》《盛世乐舞》《黄葛之恋》《巴风渝韵》《巴河号子》《春之遐想》《山城颂》等。以秀山民歌《黄杨扁担》曲调为音乐元素的《巴风渝韵》是一首诙谐幽默、又大气开朗的作品;《巴河号子》以原生态唱法与民族唱法有机结合伴奏的方式，采用4个大鼓、5个贝斯、钹、镲等，曲调悠扬，又富有节奏感，是民乐团对传统音乐文化的现代表达。地域风情是这场音乐会的核心，《峡江放歌》《黄葛之恋》《巴风渝韵》等作品无不将巴山风物、渝水风情作为表现的中心。整个作品有整体架构，显出大山大江的气象;同时作品也有细节，小到春之花与叶的悸动，黄葛古藤的攀岩缠绕，都有特定音乐形象的表达。整个作品准确地把握了大重庆——农村、库区、都市之人文地理和自然风情，把山城都市夜晚闪耀的层叠灯光铸建在巴山渝水忠勇、多情、诙谐、明快又豁达的人文性格之上。乡土的况味，都市的霓虹，纵横交错的时空感——时空感中建立的乡土怀想，就是这个作品的审美意象。近年来有人戏称重庆是一座“8D”立体之城，在我看来，《山水重庆》用音乐舞台的现代综合呈现，准确地展示了这个重庆意象。

《思君不见下渝州》是一出“历代诗人咏渝州”的大型情景音乐会。该音乐会以优秀的古诗词素材为主线，将诗词中的文学美和民族管弦乐的听觉美达成和谐共振;以民族音乐为主线，跨界融合，具备多元化的舞台组合。音乐会的主要作品有:《巴山夜雨》《字水宵灯》《道是无情却有情》《神女峰》《君住长江头》《巫山离思》等。这是一部融汇了“诗与乐”，融汇了“古与今”，融汇了多重艺术形式的民族交响乐套曲作品，呈现出波澜壮阔的史诗般的宏大气势。整台音乐会采用了“人声独唱、合唱及箫、二胡、古琴、琵琶等主奏乐器与乐队的协奏”等丰富的表演形式。以上多种形式的相互交错或同时出现，与舞蹈、诗歌朗诵等姊妹艺术相融合，呈现出多维度、多层次的舞台表演效果。《道是无情却有情》《君住长江头》等段落中戏曲风格的“乐舞”堪称音乐会一大亮点。戏曲作为中国优秀传统文化遗产，将戏曲元素的舞蹈融入音乐会，刻画出人物复杂的内心世界，并造出一种国画般的高远意境。从传统乐器到戏曲风格乐舞的古典美，无一不熏染出巴渝历史的这份厚重！此外，民族乐器音色与诗歌神韵有一种浑然天成的高度契合度。我国民族乐器独有的音色美，与古诗的韵律美相得益彰。如箫的气震音、古琴的泛音等独特演奏技法与诗歌的语音韵律相应和，呈现出天人合一的绝美舞台境界。

大型情景国乐剧场《告别千年》扎根重庆本土文化，作品主题时代性强，音乐素材取材于巴渝地区的山歌及民谣等民族调式，是一部具有典型巴渝特征的音乐作品。整部作品以重庆市巫山县竹贤乡下庄村党支部书记毛相林的修路故事为线索，以《希望》《梦开始的地方》《战命运》《幸福的追梦人》《教我如何不想他》《憧憬未来》《幺哥搬家》《油菜花开遍地金》《鸟儿欢唱山水间》《乡村民谣刷一刷》《秋分三峡红》《时代华章》12个节目曲目展开。这部作品沿着国乐新实验剧场的路子，述说人民群众对美好幸福生活的热烈向往与不懈追求，沿着《山水重庆》和《思君不见下渝州》等作品的思路，她尝试了一种音乐与多元艺术密切的结合方式。以下以仅序曲《梦开始的地方》为例，微观阐释音乐与多元艺术相结合的舞台魅力。《梦开始的地方》由六部分组成：第一部分古琴空灵的泛音和极其低沉的音律出现，在古琴背景音乐下，用朗诵的方式向我们诉说着中华大地上这片土地的贫穷。第二部分方言戏剧表演段落，二胡的低吟以“悠长的旋律音调”及“颤音的演技处理”呈现，二胡特有的凄凉音色向我们哭诉着山区穷人的心酸及生活的艰难。第三部分是男女对唱片段，女声独唱先以方言“山歌”腔调唱出了内心呐喊：“尖尖山、路难行，哥哥打工几时回，山高坡陡哟，诶嘿，哥当心。”男声独唱随之亦在极高音域回应道：“尖尖山，路难行，哥哥进城把钱挣，妹等哥回哟，诶嘿，把路修，把妹娶”，四川山歌独有的高亢嘹亮嗓音声声催人泪下。第四部分在乐队陪衬烘托及琵琶的复调应和下，主奏乐器“笛子”独奏出音乐主题旋律，该主题旋律是运用了《槐花几时开》的动机音调发展创作而成。第五部分随着合唱进入，“男声山歌独唱、合唱与民族交响乐队”三者紧密融合在一起形成一股洪流将情绪层层推进，将全曲推向最高潮。第六部分，主奏乐器笛子在音乐的尾声进入，奏出了《太阳出来喜洋洋》的主题动机发展而来的旋律片段，结束全曲。《告别千年》利用了山歌、民谣、劳动号子等音乐素材，采用复合织体，将原生态音乐、民谣、流行、摇滚乐、山歌融合在一起，综合利用舞台艺术的声、光、电效果，展示了扶贫题材的时尚风格和巴渝文化气质。

总体来说，重庆民乐团展示出大气度和大构架，并以一种都市文化的新锐姿态站立在乐台上，“国乐新剧场”已经走出勇敢的一步，有了一系列舞台实践和打磨，相信这个团队会不断加深对戏剧、文学、音乐等艺术门类的认识，真正提高对各个门类艺术舞台表达的专业性，以实现完美整一的舞台表现。我们期待重庆民乐团“国乐剧场”音乐形式成为中国民乐界的一道风景。

从音乐会到情景国乐剧场——探寻民族音乐的戏剧表达

蒋长朋（重庆市文化和旅游研究院）：

习近平总书记在决战决胜脱贫攻坚座谈会上强调，“脱贫攻坚不仅要做得好，而且要讲得好。”广大文艺工作者积极行动，深入脱贫攻坚一线，精心采集故事素材，以戏曲、话剧、歌剧、舞剧、音乐会等艺术形式，记录和再现了脱贫攻坚的艰难历程、万众一心的奋斗状态、告别贫困的历史性变化。特别是2020年10月17日“全国脱贫攻坚题材舞台艺术优秀剧目展演”在北京开幕以来，更是将脱贫攻坚主题舞台艺术作品的创作推向了高潮。综合来看，这些舞台艺术作品以戏剧作品居多，少有音乐会等形式的作品。重庆民族乐团创作演出的大型情景国乐剧场《告别千年》，便是为数不多的其中之一。有别于常规音乐会的舞台形式，《告别千年》虽然是以民乐为主的音乐会表现形式，但又将巫山县竹贤乡下庄村党支部书记毛相林带领村民绝壁修路的事迹作为故事线索，所以《重庆日报》在对其进行宣传的时候才又有了“情景国乐剧”的说法。这是一种全新的舞台艺术呈现形式，是在戏剧的叙事逻辑和架构中，充分挖掘和展现民乐的叙事性、音乐性和表现性的艺术形式。据重庆民族乐团团长何建国介绍，希望通过这样的创新来尝试创造出一种新的民乐表演范式，创立重庆民乐的独特风格。

一、何为"情景国乐剧"?

纵观古今中外,如歌剧、音乐剧等,都是运用音乐讲述故事的典型代表。以演唱和演奏为主要音乐形式的"情景国乐剧"也想讲好故事。该剧既有人声与乐器的互动,又有人物与情景的表演,用人和乐器在设定的情境中、在戏剧的框架内讲脱贫攻坚的故事,不仅要求音乐的可听性极强,多媒体舞美抓人眼球,对编剧、导演和作曲的逻辑结构能力和舞台节奏的把控能力都有较高要求。这样才能让民族音乐呈现出多元、立体的综合性舞台语言,这也是该剧总导演、总编剧、艺术总监、总指挥何建国为探索当代中国民族音乐振兴之路而拓展出的新道路与新模式。

该剧的核心人物毛相林是整部剧的主线,而演唱者和演奏员则是该剧的"主角"。主创放大了音乐的叙事、表情和意象建构的功能,并赋予了乐器叙事的功能。打破传统民族音乐的表演形式,以毛相林绝壁修路的故事为线索,将舞台表演和民族乐器有机融合在一起,通过演奏(演唱)者的"音乐"表达,配合表演者的"语言"表述,将演奏、吟诵、台词对白、形体动作和剧情相结合,融合舞美、多媒体、灯光、音响、服装等元素来充分拓展艺术空间和推动剧情发展。在我看来,这种突破常规的艺术表演形式,就是"情景国乐剧"的主要艺术特征。

二、国乐的"戏剧性表达"

剧中人物毛相林的戏剧动作与音乐形式如何共同完成该剧的"戏剧性表达",主要有以下几个方面尝试。

在《序前音乐》时,江大爷和三妹儿有一段对话,当江大爷说到"就从我们下庄村的那首民谣开始",二胡和琵琶的演奏,与演唱者一起开始了音乐部分的表演,交代了下庄村修路前的坡陡路难走的状况。紧接着,场景切换,毛相林送饼儿进城打工,对话中又提到了山路难行,村民进城打工挣钱,凑修路的份子钱,随后演唱序曲《梦开始的地方》,与毛相林和饼儿的对话相呼应。

《战命运》一幕,毛相林组织村民修路两年,就有两位村民牺牲,面对此景,在村民的鼓励下,决心继续把路修下去,村民一声"修",音乐同时响起,指挥何建国喊着口号,合声喊着劳动号子,故事情节得到了同步推进。接着,进城打工的饼儿回来参加了修路,来自县、区、乡、机关、企业、集团、校园等四面八方的扶贫干部也加入到修路的队伍中,这些扶贫干部的扮演者并不只是进行情景戏剧表演,他们还在戏剧中穿插了音乐的形式,如饼儿在雪儿唱歌时以口琴伴奏,还有的扶贫干部直接就由乐队中的演奏员扮演。这时穿着喜庆而庄严的童声合唱团从舞台前端缓缓升起,颇具仪式感地隆重庆祝"天堑变通途"的壮举,孩子们唱起了李白的《早发白帝城》,用"轻舟已过万重山"比喻毛相林带领村民修路的"愚公移山"精神。在这一幕中,音乐丰富了故事的叙事内容和形式感,也凸显了音乐的叙事功能。

在对音乐的叙事形式探索中,尤为突出的是《幺哥搬家》一幕,这是全剧中音乐形式与戏剧叙事结合得最为紧密的一幕。故事情景大意是:村里路修通了,罗幺哥住在山上生活不便,村里扶贫队的工作人员劝说其搬到山下住新房的过程。这个过程并不只是用人物对话叙事,而是把人物的对话用音乐来表达,把人物的对话内容变成了唱词,类似于音乐剧的唱段,但演唱的风格是山歌的形式。当罗幺哥说"不搬不搬,我就不搬……"时,二胡演奏者紧接着拉出一个音,观众能够清楚地辨别出这个音代表"不搬"的意思,此时乐器也起到了叙事的作用。

《秋分三峡红》对乐器的叙事功能又有了提升。舞台上,当夜晚繁星点点,讲述者说道:"咱下庄村的变化,只是巴渝大地扶贫攻坚取得决定性胜利的一个缩影。"笔者认为,这句话代表着创作者的一个根本性转变。纵观众多脱贫攻坚题材的舞台艺术作品,都涌现了大量直接聚焦英模人物和典型事迹的剧目,这句话其实就是主创者在努力摆脱真人真事的材料束缚,实现从"这一个"到表现"这一群"的转换。于是,各种形式的乐器表演同时出现于舞台之上,舞台最前端有四位演奏者,分别是长笛、二胡、唢呐、琵琶,第二层则是演奏乐队,第三层是吉他、电贝斯和6位鼓手,后面是合唱团以及电子屏幕。在演奏家们营造的音乐意境中,伴随着电子屏幕不断切换的"丰收"场景,展示出巴渝大地扶贫攻坚取得的成果,用乐器主导了舞台意象的建构。

三、国乐的多媒体舞台空间

当下的舞台表演,已越来越多地呈现出跨界多元的面貌。"观看"被创作者们所重视,这让音乐厅和剧场中的音乐会也改变了原来的模样,《告别千年》即是如此。

多媒体是随着科技与艺术发展而形成的一种虚拟的、可变的艺术样态,以声、光、电等手段,塑造艺术现场,表达艺术观念,可以实现通常的舞美达不到的效果,辅助和完善舞台艺术的呈现,具有很高的艺术价值。

虽然该剧在不同的场景中运用了多种形式的图像,但多是借助图像简单地交代某一场景,"图像所对应的是一个远比人们想当然的情景要丰富得多的阐释与鉴赏的文化空间",多媒体影像在剧中营造的或逼真或虚幻的空间,不仅在艺术审美效果上更具冲击力,也丰富了舞台表演的视听效果,推动了剧情的发展。比如演唱《战命运》中的号子时,多媒体以当年修路时的影像展示环境的艰险,路修通以后,又用航拍的一辆汽车畅行在路上来表现村民的喜悦之情。童声演唱《早发白帝城》时,三峡秀美的景色出现在画面之中,随着镜头的移动,整个舞台似乎也转动了起来。演唱《油菜花开遍地金》时,以稻田、油菜花等镜头表现出下庄村旧貌换新颜……多媒体帮助观众通过不同的场景及意象加深对剧情的理解。从审美的角度而言,多媒体塑造的艺术形态,会改变观众的艺术观、价值观,提升他们的审美水平。

四、音乐叙事的遗憾与缺失

《告别千年》是由“全国脱贫攻坚楷模”毛相林修路的真实故事为线索串联而成，用演奏、演唱、对话及人声念白的互动方式来彰显毛相林不畏艰险、执着进取的“当代愚公”精神。“世上无难事，只怕有心人”“天行健，君子自强不息”等，是中华民族自古以来就有的“不屈不挠”的奋斗精神。《告别千年》用情景国乐剧塑造毛相林时代楷模的形象，这个尝试是值得肯定的。但是，作为一个“剧”而不是一场音乐会，该剧尚有一些不足之处。

一是从“人物对白”到“音乐演奏（演唱）”的过度和衔接有些生硬。在2020年12月23日预演时，衔接“类似的人物对白”到“音乐的切入”，基本都是由一个报幕员完成。在第二版（2021年3月27日演出）的修改中，为了更加凸显该剧的故事性，取消了报幕员的角色，改为通过剧中人物的台词来衔接，比如《序前音乐》的对白中，江大爷说“就从我们下庄村的那首民谣开始”，雪儿在对白中说“饼儿、支书，我给你们唱唱歌吧，给你们解解乏”，还有“把罗幺哥搬家的故事，摆给大家听一哈”，“我们村的饼儿哥还编了一首歌儿，献给大家”，“我们用手里的乐器，给在座的各位汇报一下”，“咱们用音乐的语言，来表达丰收时三峡的红叶”，等等。作为一个剧目，用如此直白的方式从情景对话切入到音乐演奏（演唱），未免有些生硬，情景对话和音乐之间会产生“割裂”感，关联性不够紧密。

二是“情景国乐剧场”的音乐属性需要加强。当剧中大段的人物对白出现时，音乐就成了配角，民乐的主体地位自然被削弱。如果是通过人物间的对白来讲故事，观众或许会问：那为何不直接做成话剧或是音乐剧？换句话说，如果要用戏剧的形式来讲故事，那就要注重戏剧的结构感，考虑戏剧冲突的设置。如果只是大量使用讲白，而不按照戏剧规律考虑“冲突”，整个对话就会显得“太平”，失去舞台艺术的张力感。当然，并非所有场景皆是如此，如前文提到的《幺哥搬家》，就是音乐与叙事结合较好的一例。因此，剧中要尽量通过合理地创新和利用演奏、演唱来“讲述”故事，进一步强化音乐的主体地位，人物对白只在非说不可时少量出现，尽可能地用音乐来表达情境，留给观众更多的想象空间，呈现出“乐代人声”的艺术特点。

三是剧中人物的矛盾处理有些“简单化”。修路两年以来，有两位村民牺牲，毛相林陷入了矛盾之中。作为修路组织者，毛相林一时之间陷入两难的境地：如果继续修下去，不知道还有多少村民因此而失去生命；倘若半途而废，又对不起牺牲的村民。此处，毛相林犹豫、挣扎与矛盾的情感纠葛是缺少音乐体现的，而这正是在塑造人物时需要加强和深化的地方，我们都知道表演艺术的魅力就在于表现人性的深度。人物是一切文学艺术作品的核心要素，只有人物形象立住了，作品才立得住。剧中抛出的这个“要不要继续修路”的矛盾，剧中只提了一下说开村民会大家决定要继续修下去，就继续修下去了，这解决矛盾的方法是否过于简单？

四是叙事结构有些松散。既然定位为情景国乐剧，并且确定了以毛相林绝壁修路事迹为主线，那就应当用音乐围绕主线来讲故事。主要故事线索就应当是“修路前—修路时—修路后”。然而，全剧12首曲目，有9首曲目都是在讲修路后的故事，涉及“危旧房改造”“环境治理”“乡村旅游”“两不愁三保障”“垃圾分类”等内容。这些内容作为脱贫攻坚战取得的成果，理应有所体现，但在该剧整个叙事结构中，所占篇幅太多就导致比例失调。观众分不清这到底是讲毛相林修路的事迹，还是“脱贫攻坚成果展”。我想，创作脱贫攻坚题材舞台艺术作品虽然是“命题作文”，但如果创作者过于急切地强调题材的重要性的时候，就容易落入某种窠臼，导致其作品在一定范围内存在比较明显的短板。当叙事结构存在明显缺陷时，作为一个剧目立在舞台就难以令人信服。

总的来说，重庆民族乐团创作演出的这部情景国乐剧，即是主创团队创作思维的探索，也在一定程度上尝试引领中国民乐舞台作品的新创作路径，具有很高的探索和实践价值。它虽然在叙事方法上还存在一些技术性的瑕疵，但在音乐表现形式上，则体现出了专业性和较高水平，瑕并不会掩瑜。杨燕迪在谈论音乐新作因何而可听时，曾做如下理想状态的假设：“音乐新作应该以纯粹艺术性的原因吸引听者的耳朵。也就是说，听者之所以对音乐新作发生兴趣，是因为音乐新作提供了聆听旧作、阅读小说、观看电影等不能替代的独特艺术感受和新鲜艺术经验。凭借这种不可替代的独特价值，音乐新作才有资格召唤听众，才有力量征服听者。”由此而言，《告别千年》作为一部音乐新作，从思想内容、音乐形式、舞台美术等方面，体现了一种综合性、多元化的新颖视听体验，展露了它值得肯定的艺术品格。

情景国乐剧的重庆探索———评重庆民乐团《告别千年》

吕霖枫（重庆市文化和旅游研究院）：

2021年3月27日，重庆民乐团携大型情景国乐剧场《告别千年》在重庆大剧院上演。该剧由重庆民族乐团创作排演，围绕决胜全面建成小康社会、决战脱贫攻坚主题创作，入选市委宣传部、市文化旅游委舞台艺术创作资金扶持项目，成功入选中宣部、文化和旅游部、中国文联、国务院扶贫办主办的“全国脱贫攻坚题材舞台艺术优秀剧目展演”。该剧已于2020年12月首演，这次是经过民乐团精心打磨后，再度上演。

一、讴歌时代楷模，艺术探索创新

艺术作品不能为艺术而艺术，应该紧跟时代步伐，展现当代生活，歌颂在时代中涌现出来的模范先锋。《告别千年》的成功，缘于该团有着敏锐的艺术眼光。2020年年初该团就深入基层调研，发掘重庆故事，发掘本土文化。重庆民乐团团长、著名指挥家何建国带领主创团队，采风调研了18个贫困乡镇。每到一个地方就收集当地的扶贫故事和当地的原生态音乐素材。在了解了重庆脱贫攻坚事迹后，团队很快就定下了创作方向，确定了情景国乐剧场《告别千年》创作目标。

《告别千年》第一版已于2020年12月上演，全景式展现了脱贫攻坚中涌现出来的模范人物和事件。全剧分为《序曲》《追梦人》《农村新景象》《绣山河》《中国梦》《谢幕》六个篇章，展现了党和国家、下沉干部、脱贫农民在重大使命下的担当；展现了汉族、苗族、土家族等重庆不同民族，不同区域的风土人情；既有磅礴大气的恢宏交响，也有细腻传神的艺术小品；既有乡土民间的乡风小调，也有时尚现代的摇滚音乐。这一版格局开阔，展现了在党和国家脱贫攻坚政策的指引下，巴渝大地的崭新风貌。这个版本延续了大型音乐会的风格，如诗人的行吟，又如散文家的铺陈。形散而神聚，展示了民乐团的音乐表现技巧和多样织体形式，已然是一个较为成功的作品。

第二版大型情景国乐剧《告别千年》于2021年3月27日上演。在第二版的打磨上，主创团队去除了枝蔓，突出主干，紧紧围绕着毛相林的事迹组织剧情，以修路、搬迁、致富等事件为核心，展现了在毛相林的带领下，下庄村发生了翻天覆地的变化。在第一版中，全剧没有核心人物，以不同方式、不同风格展现了脱贫攻坚中的诸多人物。在第二版上主要以时代楷模毛相林为核心人物，在戏剧性上有所加强。如果说第一版更多体现了情景国乐剧场的民乐展示，那么第二版则是在情景国乐剧场中加入了更多的戏剧性。

无论第一版还是第二版，都体现出重庆民乐团正处于不断创新的状态，他们试图打破民乐的局限性，探索民乐的新形式。艺术创作不能故步自封，应该紧跟时代的发展变化，不断满足观众的精神需求和审美需求。现代观众的审美要求叙事更加复杂，感官更加丰富，形式更富于科技含量。传统的民乐从形式上来讲比较单一，不能很好地满足现代观众的审美心理。所以，这要求民乐必须走向创新，形式必须多元，和其他艺术门类实现良性互动。在这方面，重庆民乐团走在了时代的前面，他们敢于创新艺术表现形式，把民乐打造成为真正的综合性艺术。《告别千年》在形式上，实现了戏剧、影像、音乐的三者融合，这是重庆民乐的一次艺术创新。整个舞台空间分为电子投影、民乐演奏、戏剧表演三个层次的表演空间，可看、可听、可感。用电子投影的影像展现了巫山县下庄村的过去和现在，前后形成了鲜明的对比，展现了下庄村发生的巨变；用戏剧表演的方式，把下庄村修路、搬迁、致富等一系列事件场景化地表现出来；用民乐民歌表现出了下庄人民从艰苦奋斗到走向幸福的酸甜苦辣。通过舞台调度、灯光塑造、音乐表演、电子投影营造了一台眼花缭乱的视听盛宴。同时，在音乐形式的设置上，把乐队、歌队、表演三者融合于一体，把民乐打造成了综合性舞台艺术。

二、情景国乐剧探索在路上

创新就会有风险，尝试就可能存在不足。重庆民乐团敢于创新，敢于挑战，这是难能可贵的。创作团队提出了“情景国乐剧场”的艺术样式。然而，作为艺术探索，何况是提出新的艺术理念，就必须不断完善，反复琢磨，理论提升，才能站得住，才能打得响。

第二版《告别千年》到底是剧，还是乐？这是观看完该剧后很多人的疑问。既然重庆民乐团把该剧定义为情景国乐剧，而没有采用“音乐剧”命名。这表明，他们认为该剧还是以音乐为主，是音乐和戏剧情景的结合，而不能等同于戏剧。假如全剧以戏剧冲突为核心，音乐就会成为戏剧的从属，那么，该剧就不是不折不扣的音乐剧，音乐主体地位就会被戏剧所取代。民乐团坚持“情景国乐剧”的定位，是非常准确的，也是民乐团的立团之本。所以，《告别千年》还是以乐为主，至少这是民乐团艺术创作的初衷。

音乐是抽象的，音乐无法像语言一样确切地叙述一件事情。音乐只能表达抽象的情绪，通俗地讲，音乐是“只可意会，不可言传”的。所以，音乐是无法传达一个复杂的故事，必须借助于戏剧才能实现。例如，在剧中《幺哥搬家》段落中，多次用唢呐来模仿语言，实现了语言才能达到的信息传递效果，这是一次有意思的创新。但是，这种方法也是借用乐器模仿人类说话的方式而完成的表达，最终把音乐符号转变为语言符号，所以信息传递还是通过语言，而不是音乐。

毛相林带领村民筑就天路的故事是复杂的。路修通后，他又带领着村民搞农业，最终，下庄村走上了幸福的道路。现实生活中的毛相林故事时间跨度大、涉及人物多，有着深刻的戏剧性。用音乐剧场来表现这个故事，就不得不大量地借助戏剧手段。甚至，在戏剧手段运用下也不能囊括故事的内容，就不得不借助旁白来叙述。

《告别千年》采用了叙述和演绎两种手段，两者交叉展现故事。这样就解决了故事内容庞大，音乐剧场承载不下的问题。叙述是第三人称视角，演绎是第一人称视角，当作为第三人称视角的时候人物是客观的、审视的、全知的。当作为第一人称视角，就成了剧中人，情感必须符合情境。在人称视角实现转换的时候，人物情感也就必然要变化。如果叙事视角频繁转换，人物情感就会面临情感转变过快，甚至情感逻辑断裂。比如，当毛支书叙述村落历史、修路缘由的时候，他是作为客观全知视角。这时候突然有人跑过来，告诉毛支书有村民掉下悬崖了。毛支书回答道：“赶紧送医院！”这里毛支书的身份就从客观变成了主观，从叙述者变成了剧中人。按照情感逻辑，接下来毛支书应当马上组织村民展开营救。但是，接下来毛支书并没有帮助村民，而是接着讲述村落历史和修路缘由。这样设置情节显然就不符合人物的情感逻辑了。类似这样的情感转换突兀，在剧中还有几处。基本上都是因为叙事视角转换过快造成的。如果能把叙述和演绎结合得更加巧妙，该剧将会上一个新台阶。

此外，在音乐和戏剧的关系上面，如果处理得更加完美，将会给该剧增色不少。音乐是表达情绪的，是表达内心感受的。戏剧是因果联系的叙事，戏剧必然要求有核心矛盾冲突，前后逻辑关联，才能最终达到巨大的戏剧效果。音乐是情绪性的，戏剧是逻辑性的。所以，必须紧紧抓住音乐的情绪特性，才能让音乐始终处在主体地位。如何处理音乐和戏剧的关系？笔者认为，应该找到生活本身的截面，而不是完整地叙述。应当截取毛相林事迹当中最为感人的瞬间，最具有深刻内涵的片段，最具备展现音乐魅力的情景，这样才能发挥出民乐的作用，把人民的辛劳、痛苦、喜悦以音乐呈现出来，以生活的截面作为情景加入到音乐剧场中来。以情景作为生活的截面，截面前后则是生活的余韵、情绪的延伸、艺术的留白，而这部分恰恰是国乐所擅长的表达领域。

任何艺术形式都有其局限性，任何艺术形式都有其特长和优势。情景国乐剧的优势在于能够把戏剧情景情感用国乐抒发出来，音乐能占领语言言说所不能实现的情感制高点，情绪的长度也可以用音乐来延伸——这是音乐家所不能放弃的“非我莫属”的艺术阵地。我们希望民乐团能再次认清自己艺术的长处,继续探索音乐形式本身的表达方法和魅力。重庆民乐团的艺术创新是值得肯定的,他们敢于创新,勇于表达,是非常可贵的！希望《告别千年》更加完美,期待重庆民乐团创作出更多更优秀的作品。

《放船》为杜甫夔州诗之始

蓝锡麟
（重庆市文学艺术界联合会）

杜甫夔州诗，统称他在夔州期间的全部诗作，作为一个专名概念，学界业已普遍认同。经由历代专家学者的注释解诂，与之相关的诸多话题，大至于基本评价，小至于个别释疑，十之八九也都有了广泛共识。但是，并非所有环节、看点一概不存疑义了，进一步探究、解析仍然不可或缺。究竟哪一首诗当为其起始之作，即是一个不大不小的待解话题。

重庆师范大学教授鲜于煌所著的《诗圣杜甫三峡诗新论》一书（重庆出版社2001年9月版），下编第八节《忠州走笔》所指认的在忠州所作的最后一首诗为《放船》，第九节《寒秋云安》所指认的在云安所作的最早一首诗为《云安九日郑十八携酒陪诸公宴》。台湾中山大学教授简锦松所著的《夔州诗全集·汉至五代卷下（杜甫）》一书（重庆出版社2009年11月版），没有涉及《放船》，也将《云安九日郑十八携酒陪诸公宴》列为所指认的全部杜甫夔州诗的第一首。如果以这两位当代学者的认识作依据，杜甫夔州诗的起始之作为《云安九日郑十八携酒陪诸公宴》，就该当确定无疑了。其实不然，还需要从多角度做辨析。

首先，一些前代杜诗注家的相应文辞，就与其说存在微妙的差异。例如，清人仇兆鳌所著《杜少陵集详注》（商务印书馆1935年版）是按写作时间先后排到杜诗的，卷十四先在《放船》题下引《鹤注》说“当是永泰元年自忠、渝下云安时作”，紧接其后才对《云安九日郑十八携酒陪诸公宴》注以“上四九日自伤漂荡，下四云安慨世乱离”。又如，清人浦起龙所著《读杜心解》（中华书局1961年10月版），对杜诗既有编年诗目，又区分诗体分别作注，前者把《放船》定在《云安九日郑十八携酒陪诸公》（无“宴”字）之前，后者注释《放船》则谓“鹤编自忠下云安”。仇、浦二人所引据的“鹤”，当指明末清初注杜名家朱鹤龄。如仇注《凡例》所说，朱鹤龄注与钱谦益注名盛一时，“互有异同”“朱于经史典故，及地里职官考据分明”，将《放船》与去安相链接即为其独到见解。尽管朱鹤龄并没有议定《放船》作于云安，仇兆鳌和浦起龙也都只是引述其意，这一个独到见解毕竟已经扣上云安，给后人提供了一条可贵的线索。鲜于煌和简锦松未曾注意这条线索，既是差异的微妙所在，也留下了些许遗憾。

其次，与小异相较，大同更值得留意。那就是，无论是朱鹤龄、仇兆鳌、浦起龙，还是鲜于煌、简锦松，无一例外都将云安认作杜甫夔州诗的地域行政建置的起点。以之为依据，自能推导出凡在云安作的诗都属杜甫夔州诗，否则便不能算。因此，《放船》一诗是否属于杜甫夔州诗，其诗是否作于云安即成为判别关键。而要破解此关键，必不可少的前提条件，就在于要对杜甫所处的那个夔州取得准确、翔实的了解，而不是停留在浮泛的印象上，唐代实行道、州、县三级行政体制，安史之乱后形成方镇（道）、外、县三级行政体制。夔州的前身叫作信州，武德二年（619年）始改称夔州，隶属山南道，领奉节、民复、巫山、云安四县，治所在奉节。天宝元年（742年）改置云安郡，乾元元年（758年）再复为夔州，隶属山南东道荆南节度使，领县及治所照旧。杜甫于永泰元年（765年）九月甫抵云安，于大历三年（768年）二月经巫山下峡，确定了他旅居夔外的时空框架，他的夔州诗都创作于这个时空框架之内，自古及今无歧义。引发《放船》一诗是否作于云安的考辨，原因不在当年云安的建置大概，而在其时县治在县域内的什么点位，以及诗中所涉的自然、人文风貌特征是否贴近于云安。

杜甫当年曾经住过将近半年的云安县治所在史称汤口，址在今重庆市云阳县云阳镇辖区内的五峰山南麓，坐落于长江北岸，隔江与江南的飞凤山相对。汤口县治始设于北周天和 三年（568年），其后历代沿袭，直至20世纪90年代才因三峡工程建设向西迁移约30千米，改设于今重庆市云阳县双江街道，汤口原址则于2003年为库区江水所淹没。由双江街道再西向延伸十余千米，即是今云阳县巴阳镇，与今重庆市万州区小周镇接壤，长江即经万州小周镇东向流入云阳巴阳镇。今如此，古代的交界关系大体亦然。确认这一点，就能确认当年云安作为夔州的西邑，与当年万州是在此间连结为毗邻，进而确认杜甫是否已达云安，也要以之为准。

由之转入第三，更加不可忽视。那就是由今之巴阳镇至今之云阳镇这一段长江江流及其两岸，究竟有哪些自然的和人文的风貌特征相对突出，有可能吸引文人雅士特别关注。古今杜诗注家全都未曾留意这一点，而这一点恰是准确解读杜甫《放船》一诗的信息密码。获得这一信息密码并不是太难，只要把文献检索与实地考察结合起来，就有把握发人之所未发。

据《水经注》卷三十三记述："江水又东，径石龙而至于博阳二村之间，有盘石，广四百丈、长六里，阻塞江川，夏没冬出，基亘通诸。又东经羊肠虎臂滩。杨亮为益州，至此舟覆，惩其波澜，蜀人至今犹名之为使君滩。江水又东，彭水注之。"其中所指的盘石，通称龙盘石，龙盘石上下的江段叫巴阳峡。巴阳峡在今万州区小周镇下岩纤背至今云阳县巴阳镇栈溪沟鸭蛋窝区间，全长10余千米，最险处调羹石至老鹰岩有8.2千米，羊肠虎臂滩即是峡中一道险滩。每年11月至次年5月的枯水季节，江面狭窄处仅80余米，最宽处也只有150余米。峡中最深处44.2米，最浅处21米。石危、滩险、峡窄、水深，合为此峡四大特点。自古及今，截至三峡库区蓄水前，峡中枯水季节只能认准航道单行船，仍难以避免沉船危险。有统计资料表明，古今沉船多达1000余只（艘）。出峡下行2千米，即抵今云阳县县城所在的双江街道。所谓"彭水注之"的彭水，即指双江街道西由北向南注入长江的小江，"双江"之名即沿于斯。由此倒推就可以认定，巴阳峡的大部分是在今云阳、古云安境内。1984年以降，我曾十余次上下过巴阳峡，对三峡库区水位上升以前的巴阳峡之险峻有深刻印象。

另据明人曹学佺所著《蜀中名胜记》记载:“江中又有龙脊滩,形如游龙。岁人日,邑人游于上,以鸡子卜岁丰凶。”古谣云:“龙床如栻,济舟必吉;龙床仿佛,济舟必没。”1992年3月,我曾经在云阳县城采访三天,了解到龙脊滩起因于龙脊石,龙脊石是县城前的长江江心略偏北侧的一道长200余米、宽10多米的砂岩石梁,其体量之大在三峡库区中仅次于涪陵白鹤梁。每年冬春的枯水季节露出水面,一般年份其中段潜于江心,东西两段在水面了上形状如两岛;水位十分低下时,中段出水,与两岛连成一片,浑如一条白龙的脊背尽显,所以叫作龙脊石,由于一年中大多时候潜于水中,所以又叫潜龙石。既有石,又有滩,所以行船相当危险。

杜甫当年由忠州乘铅,顺江东下,以云安为到夔州的首个落脚点,巴阳峡和龙脊石都是必经之处。从忠州州治至云安县治,水路约150千米,九月初尚没有到枯水季节,江面尚宽,水流甚急,如果是轻舟扬帆,顺流顺风,大可以朝发夕至。李白《巴女词》所咏“巴水急如箭,巴船去若飞”,正是对于当年长江自渝州以下,经涪州、忠州、万州直至夔州船行如飞的真实体验,尽可引为杜甫朝发夕至的可靠佐证。由此再读解《放船》一诗,就不至于雾里看花,恍兮惚兮了。

《放船》为五律,八句写的是:

收帆下急水,卷幔逐回滩。

江市戎戎暗,山云淰淰寒。

荒林无径入,独鸟怪人看。

已泊城楼底,何曾夜色阑。

以《放船》作诗题,关键词在于“放”是一个多义词,其中之一为恣意放纵,无所拘束。《广雅·释言》所谓“放,妄也”,即指此义。诸如放目、放言、放眼、放意、放歌、放怀之类,都是用的此义。用之于行船,必定是指顺流而下、借助水流的流势,或者还要加上鼓帆的风势,放意骋怀,纵任疾行。杜甫在《陪诸贵公子丈八沟携妓纳凉晚际遇雨》诗中所写的“落日放船好,轻风生浪迟”,放船就表达这个意思。由忠州至云安的约150千米顺流而下行船水路中,放船既可以概指全程,也可以特指某一段。究竟何所指,诗题本身并没有明确点示,需要实考诗句,才能明白无误。仇兆鳌《杜少陵集详注》解此诗,仅只说了“上四,放船暮景,下四,泊船暮景”,并没有解释是指全程还是某一段。不过,其中的两个“暮”字,从时间上依稀点出了不是从朝至夕,因而在空间上就不应该是全程,而是船之由“放”到“泊”最后一段。但他未曾注意到,诗的开头两句“收帆下急水,卷幔逐回滩”都有其深意,决非“暮景”所概括得了的。浦起龙《读杜心解》较之仇注更胜一筹,对这两句特别作注:“放船之始,‘急水’‘回滩’,不得复张帆幔,确极。”虽未展开说,却独是只眼,扣住了关节点。遗憾的是,在文献检索上他还没有深入下功夫,在实地考察上更有所缺失,因而未能解深解透。尽管如此,吸纳浦注的合理元素,毕竟有助于发隐抉微,探得真诠。

结合文献记载和实地体验,审视其第一句“收帆下急水”,显而易见,“收帆”是相对“张帆”而言,“急水”是相对“缓水”而言。从忠州至万州约100千米许,此间江面比较宽阔,水流得再快,也比进入峡谷地带平缓一些，杜甫所乘船当是张满风帆顺流顺风破浪而下的，可是，行至巴阳峡，江面突然收窄，水流就变得湍急起来，那就是急水了。就必须降下四龙以为畜，故鱼鲔不淰。孔颖达疏解说："淰，水中惊走也。"《字汇·水部》注明："淰，群鱼惊散貌。""淰淰"也是一个双声叠韵形容词，意思水中群鱼惊散，还可以引申用于合散不定的状态。杜甫在这里用于"山云"就是指层云翻涌，合散不定。判以一个"寒"字，即赋云于灵性，指云在畏秋暮之寒而惊走合散，更是诗人自己的即时性身心悸动，实为一种通感表现，颇具力道。而在时空上，经这两句则已切入暮色降临的云安县城，只不过支点仍然在船上。

船将靠岸了，船上的诗人自然转向如何上岸，如何入城，因而观察环境的视线也有扫描大貌转向了专注于细部，第五、六两句"荒林无径入，独鸟怪人看"亦随意而生。"荒林"的"荒"，意为掩盖，覆盖。《诗经·周南·樛木》有句："南有樛木，葛藟荒之"，《毛传》即注释为"荒，奄也"。《尔雅·释言》同样有"荒，奄也"之说。那时候峡江一带人烟稀少，依山就势而建的城镇建筑多于林木间交错存在，云安那种小县城尤其林木颇茂密，第三句"戎戎"已有所描述。这里的荒林，即是那种茂盛的树林。但并不是简单地重复提及，而是随专注观察进了一层，发现遍布县城的大片树林交覆掩映，浓密匝地，在迷蒙的暮色中，极难辨出入城的路径。好不容易望见一只鸟，猛不丁地从林间掠过，诗人戏称那鸟是在怪人偷看。字面在鸟，实蕴在人，巧借鸟的"怪人看"，反衬出了诗人自己的惊诧、怪异心境，即那江岸上看不到人影，太冷寂了。那便是他即将入城时对于云安的即时感受。

前六句所写，全是放船过程当中的所见所感，最后两句"已泊城楼底，何曾夜色阑"方才以泊船所见所感作收结。如前所述，云安县城系在五峰山南麓倚山就势修建而成，所有建筑都参差错落，层叠而上，因而还在江滨船上的诗人，会油然生出船是停泊于城楼底的感知。参证以他羁旅云安期间一些诗所写的，诸如《十二月一日三首》里的"今朝腊月春意动，云安县前江可怜""寒轻市上山烟碧，日满楼前江雾黄"，《水阁朝霁奉简云安严明府》里的"东城抱春岑，江阁邻石面"，《子规》里的"峡里云安县，江楼翼瓦齐"，《客居》里的"客居所居堂，前江后山根"等，足信"泊城楼底"为实境摹写，决无丝毫虚浮夸饰。至于"何曾夜色阑"，乃是感叹加反问，意思是还没有到这色阑的时刻，仍在暮色将尽之际。整个的放船果真应了朝发夕至啊，快慰之情溢于言表。以往的注家多将此句解为夜色未尽，未免失误了。详情度理合当认定，仍在暮色时分，夜色尚未降临。

统览全诗，不难看出，八句诗形成"二四二"结构。前两句总写放船行程及其特点，除第一句"急水"所指巴阳峡有一小段在万州境内而外，其余的巴阳峡大部分，以及第二句"回滩"所指龙脊滩全在云安境内，亦即夔州境内。中四句特写于"回滩"一带观察到的江城暮景，"江市"定位，更进一步确定了是在云安县城所在地段，略无歧义。后二句泊船收结，尤其点明了是泊在"城楼底"，云安县城已跃然而出了。诗句为本文提供了充分证据：《放船》一诗主要写云安，而且是在杜甫到达云安之际即兴吟出来的，因而该诗乃是杜甫夔州诗的起始之作。断不可等闲放过。

一旦确认杜甫夔州诗始于《放船》，那么一些与之关联的话题就会浮出水面，需要给以切实观照。

最浅近也最直接的，即杜甫在整个夔州期间所作的诗，究竟有多少流传下来，就得做出相应的指认。简锦松所著《夔州诗全集·汉至五代卷下(杜甫)》据创作时间先后做过梳理，将《云安九日郑十八携酒陪诸公宴》定为起始之作，将《大历三年春白帝城放船出瞿塘峡久居夔府将适江陵漂泊有诗凡四十韵》定为止讫之作，统计总量为462首。但据仇兆鳌所著《杜少陵集详注》解诂，简说的止讫之作乃是"作于宜都(今湖北省宜昌市)"，其先的倒数第二首诗《敬寄族弟唐十八使君》才是作于"与唐相别于巫山"之时，倒数第三首诗《春夜硖州田侍御长史津亭留宴》的创作地"津亭在硖州(今湖北省秭归县)"，两说不一样。细审三诗，仇说为当。因此，宜都所作和硖州所作的两首诗不应该置入杜甫夔州诗之列，杜甫夔州诗的止讫之作当是《敬寄族弟唐十八使君》。减两首，增一首杜甫夔州诗的总量是461首。

就《放船》本诗而言，其审美价值不易低估。明人胡应麟在其《诗薮》中，对此诗所用叠字曾大加赞赏。他认为："诗因字少而用叠字最难，叠字中用警语对属尤不易工。如'野日荒荒白，江流泯泯清'，下句对属稍逊，不若'江市戎戎暗，山云淰淰寒'对属工整，骈偶天成。"对属工整并不算特别艰难，但骈偶天成，却真的是出乎其类，拔乎其萃，在杜诗中也不常见。另一位明人王嗣奭在其《杜臆》中，则有更多的击节称奇："滩回则风转，故幔为之卷。'戎戎''淰淰'，语不袭旧，而光景可想，亦借此形容世情耳。故下有'荒林''独鸟'之句，以比无交者既不可求，寡情者亦不可亲。所以顺流而下，人无顾盼，已泊城下，而夜犹未阑也。意在言外，妙、妙！"排除期间"借此形容世情"以下诸语的强行比附，只取其语不袭旧，光景可想之意，应该说也是颇中肯綮的。仅凭胡、王之所誉，即值得肯定《放船》不愧称作好诗。

然而，胡、王见有未及，《放船》一诗最大的好原本是在其情景结构上。仍如胡应麟《诗薮》所说，"作诗不过情景二端。如五言律体，前起后结，中四句二言景二言情，此通例也"，而"老杜诸篇，虽中联言景不少，大率以情间之"。可惜他未曾将此见识应用到《放船》。就诗言诗，这首诗的中四句，非但超越了二言景二言情的通例，而且突破了言景为主，以情见之。无论是三、四句着眼于江市，山云暮景大貌，抑或是五、六句落笔荒林，独鸟暮色细部，无一不是体现出了借摹写客体景象以寄寓主题情致，客体之景与主题之景浑融无间。个中尤数第四句那个"寒"字力道十足，主客体通感尽在其间；第六句那个"怪"字也颇奇崛，明面上是鸟之态，呼之欲出的仍是人之心。所有这四句的景和情都是一句一层，逐层跳跃传递的，呼应到一、二句的"急水""回滩"时空跳跃，以及七、八句再跳跃到"泊船"为全诗收结，整首诗的行间内节奏都显示出情景跳跃性，与《放船》主题既紧密扣合，又毫无凿痕。浦起龙《读杜心解》曾经称赞杜甫《闻官军收河南河北》"八句诗，其疾如飞"，为其"生平第一首快诗也"。依我看，《放船》八句诗虽然未到其疾如飞的程度，但凭着句间跳跃，快感贯注，也是一首杜甫诗当中难得的快诗。

杜甫夔州诗由快诗起始，对于研究他为什么会到云安，无疑也具有引示性意义。为理出头绪，有必要把视野放开些。杜甫与永泰元年(765年)五月举家离开剑南道西川节度使治所成都，先沿岷江南下，入长江后再沿江东下，相继在同属剑南道西川节度使辖区的嘉州(今四川省乐山市)，嘉州犍为县青溪驿，以及戎州（今四川省宜宾市）稍事盘桓，留下诗作，都是因为有亲友故交款留接待，并不是逢州必停。进入当今重庆市的疆域后，途经当时属于剑南道东川节度使辖区的渝州（今重庆市渝中区），由于无亲无故，连岸都未上。留下一首《渝州候严六侍御不到先下峡》便乘船离去了。再途经当是属于黔中道（治所黔州在今重庆市彭水县）辖区的涪州（今重庆市涪陵区），既没有停留，也没有作诗。直至到了当时与万州（今重庆市万州区）、夔州同属山南东道荆南节度使辖区的忠州（今重庆市忠县），才因为有忠州使君的侄子等人款留接待，又一度上岸盘桓数日，留诗七首。及至离忠州前往夔州，忠州与夔州之间有个万州，他照样是过境不留。他在云安写过《长江二首》开篇即称赏“众水会涪万”，表明他对涪州和万州的天然形胜是了解的。了解却不顾，起因皆在无亲友故交接待。但云安同样没有这一条件，他却破例落脚云安了，特殊的原因颇值得考索。

回溯他的忠州诗，可以看出奥秘来。杜甫嗜酒，不亚于李白，并且烙有他个人的“狂夫”印记（详见拙著《“狂夫”杜甫》）。他在忠州以《拨闷》为题写出过一首七律：“闻到云安麴米春，才倾一盏即醺人。乘舟取醉非难事，下峡销愁定几巡。长年三老遥怜汝，捩柁开头捷有神。已办青钱防雇直，当令美味入吾唇。”麴米春为云安特产美酒名，前四句诗不避直白，倾吐出了他闻名心动，着意要“乘舟取醉”“下峡销愁”的诉求，后四句诗里，“长年”为峡江船上篙师之称，“三老”为峡江船上柁手之称，“捩”的意思是扭转，“柁”的意思与“舵”通，“捩柁”即为掌舵。连篙师、柁手都“遥怜汝（即麴米春）”，为之撑篙掌舵前往取醉“捷有神”，反射诗人倾心有理。“青钱”为青铜所铸之钱，即铜钱；诗人备足了铜钱作为船资，雇用掌船的长年，三老为其驾船，图的就是要“美味入吾唇”。因此，认定杜甫当年是为酒落脚云安，一点儿也没有冤枉他。反倒是这种狂夫狂性，真情真话，令人对他产生由衷的尊敬。

问题随之也就来了。从忠州到云安，水路毕竟有150千米左右，多久能到呢？极可能，当时杜甫问询过长年、三老，得到的回答是如果顺流顺风，可望朝发夕至，如果途中遭逢什么不顺畅之故，则可能要延迟至夜色已深才能到了。实际的放船十分顺利，及至泊船，居然真是前一种结果。杜甫自然喜不自胜，结句用了个疑问副词“何曾”，也许是戏问长年、三老，也许是自问自答、自惊自叹。不管问了谁，那种莫可言状的快慰之情，都溢于言表了。

进一步推究，杜甫当年于九月初抵云安，仅为了要“美味入吾唇”，断然不会有久住的初心。极大的可能是像先前在嘉州、犍为青溪驿、戎州一样，盘桓几日或十数日，兴甚而来，兴尽而去，于九月中旬或者下旬便离开云安，乘小半天船而转到奉节。殊不知人算不如天算，他到云安不久便旧病复发，并加重了，因而不得不羁滞近半年。在云安所作的诗，虽如《云安九日郑十八携酒陪诸公宴》有“旧摘人频异，轻香酒暂随”之句，《水阁朝霁奉简云安严明府》有“呼婢取酒壶，续儿诵文选”之句，但如《寄岑嘉州》所述，他是处在“外江三峡且相接，斗酒新诗终自疏”的状态当中。其原因，尽在病，从《别常征君》的“儿扶犹杖策，卧病一秋强”，到《十二月一日三首》的“明光起草人所羡，肺病几时朝日边”，到《杜鹃》的“今忽暮春间，值我病经年”，到《客居》的“卧愁病脚废，徐步视小园”，再到《别蔡十四著作》的“巴道此相逢，会我病江滨”，“我虽消渴甚，敢忘帝力勤”，多种病痛缠身，严重消磨了他的酒兴诗兴。若是未曾发生这种偶然性变故，不难想象，杜甫不仅不会滞留云安那么久，而且，他在夔州的人生经历和诗歌创作当是另外一个样子。但人生多会被偶然性作弄，历史事实已经那样生成了，后人只能据实求解。

2021年3月5日竟稿于淡水轩

【附记】注意到《放船》，缘于拟用两年时间，撰成《杜甫夔州诗详注》书稿。《巴渝文库》已将其列入项目规划，完稿以后将由西南师范大学出版社出版。为于今年春节后开始写作，从去年年底开始，我就逐日检索文献，陆续有了一些不尽蹈袭他人的感悟或者发现，《放船》即其一。殊不料，视力转差较前尤甚了，只好问医求治。经检查，医生交代务必少用眼，否则还会恶化。我只好暂停撰写，期以三个月治疗眼疾，若能缓解，方才重启，反之则只好放弃了。不甘心里没对《放船》一诗有新发现，乃一天写几百字，历时十余天写成此文，然后谋求公之于世。若眼疾治不好，十之八九，这就是我问学文章的封笔之作。为之叹，是以记。

浅谈王十朋知夔州的官与诗

田成才
（重庆市奉节县文化和旅游发展委员会）

“易任夔子国，身犹在重湖。梦魂辄先往，临江观阵图。奇才盖三国，壮志吞两都。惜哉功不遂，英雄为欷歔。胡为恍惚间，微茫见规模。清时耻谈兵，武侯其戏予。”这首《梦观八阵图》是王十朋踏上夔州之行夜宿章田时所作，人未到心先到，借奉公守节、鞠躬尽瘁之例行为官之念，以梦观八阵之诗启发为任之举，反映出王十朋知夔州的决心。

一、南宋的王十朋

王十朋（1112—1171），字龟龄，号梅溪，生于北宋政和二年（1112年），温州永嘉四都左原（今浙江省乐清市）梅溪村人，南宋绍兴二十七年（1157）中状元，乾道七年（1171）以龙图阁学士致仕，任太子詹事，正三品。是年七月初二在家乡逝世，享年60岁，封“乐清开国男”，谥号“忠文”，《四库全书总目》说“十朋立朝刚直，为当代伟人”。

他寒窗四十，为官十四，四任郡守，三做京官，两担詹事，一出佥判；是历史上著名的政治家、诗人、学者、文学家和教育家，爱国名臣，南宋大贤；著有《梅溪集》《诗集二十九卷》《家政集》和《春秋》《论语》讲义8篇等名作传世。

王十朋画像

白帝城十贤堂雕塑

二、王十朋为官夔州

王十朋四任郡守(饶州、夔州、湖州、泉州),所到之地均留有功德典传:两遇“断桥留行”复建纪念桥——饶州“王公桥”和泉州“梅溪桥”;两建“功德祠堂”纪念勤政为民——湖州“六客堂”和夔州“三贤祠”;两次戒石明志:乾道三年(1167年)因灾疫赈济免赋复产时,立戒石警戒同僚,切莫萌生贪念。乾道四年(1168年)秋,王十朋知泉州,又一次以戒石明志:“君以民脂膏,禄尔大夫士。脂膏饱其腹,曾不念赤子……清源庭中石,整顿自今始,何敢警同僚,兢兢惟敕己。”所到之处留有官民同苦同乐的诗篇:离任湖州时面对父老“捧炉焚香”送别场景,赋诗《父老》“父老何自处,同来送使君。手中一炉香,敬为使君焚……”,记载下令人难忘的场面;访农救灾留有《郡斋夜坐闻水车声》:“风伯吹云不成雨,稼穑如焚谁守土。铃斋夜闻水车声,遥想田间老农苦。”为官秉守其父“居官当以廉为本”的教导,成就了“立朝有直声、治郡有政绩”的名臣,后人以“清廉之气、奉公之节,文学之笔”的警句来赞颂和传承他的品质与精神。

据《梅溪先生后集卷十》载:“七月九日自饶易夔,十一月初一至夔。”“蜗舍三年别,夔门两岁除。”在知夔州期间勤政爱民,兴利革弊,政通人和,深受拥戴。先后推行“接筒引水”,破解城郊饮水难。《王十朋全集》记曰:“以己俸,补公帑,免城中水钱。”他亲自组织能工巧匠开井挖池,竹筒引水进城入村,颁布免费饮水令;并作《义泉》《给水》诗警醒后任延续;上奏“马纲状”拯救生灵。他还冒丢官之险为消除江峡运马船务,向朝廷启奏《夔州论马纲状》和《再论马纲状》,因他两次极力奏章,终在乾道三年(1167年)废止了经长江运输川秦马匹的制度,避免了一年上百人生命和数百匹马的损失;带头“捐资买山”绿化江河。《梅溪先生后集卷十》曰:“种柳:东至夔唐,西至社坛,瀼水东西十里余,亲手种柳二千株。”在那个朝代就重视水土流失,胸怀江河绿化,义务植树,可见其远见卓识。他倡议“治教兴学”的为官要务。他每到一郡都筹资办学,重建或修复学府贡院,每月初一、十五按时到学院督学诲导。在夔州他充分利用历有的“十八牌坊”劝诫教化士民“心清向善,知书达礼”,并分坊赋诗宣传教育民众;还主持实施“修葺城墙”“重修社坛”“兴建武侯庙”等文化举措。两年零几天的为官,在此后时近千年的今天,还有这么多事迹流芳于世,尊为佳话,可见王十朋为官理政在民众心目中的地位。

《宋史》载:“凡历四郡……所至人绘而祠之,去之日,老稚攀留涕泣,越境以送,思之如父母。”《王十朋全集》记载:“七月移知湖州……十七日离夔,有诗别同官,夜宿瞿塘。”临行之日,夔州百姓扶老携幼聚集在十里柳林拦行,纷纷哭啼,依依难舍,拼相挽留,十朋也为情所感,舍不得离开,欣然留宿一晚,以谢众恩。第二天洒泪而别,并挥笔写下《七月十七日离夔州是夜宿瞿塘》:“邦人送别亦伤情,杨柳阴中涕泣声。我亦怜夔不忍去,一宵留宿旧江城。”记之。走之后,夔人立祠塑像怀念,著书撰典讴歌,并将“西瀼水”改为“梅溪河”,桥为“梅溪桥”以示纪念。

奉节凤凰山王十朋浮雕图

王十朋的相关著作

三、王十朋诗咏夔州

王十朋一生留有诗词1700余首，赋7篇，奏议46篇，记、序、论文、行状、墓志铭等散文、杂文140多篇。自饶州到夔州启程至夔州移知湖州止，创作了大量的诗、词、歌、赋。《王十朋全集》二十九卷诗集中有六卷是夔州诗，共290首，其中在赴夔州途中10首（第19卷），任职期间261首（20至23卷），自夔州移知湖州途中19首（第24卷）。《夔州诗全集》收录了王十朋的诗词203首，是历代夔州诗中除杜甫之外数量最多的一位诗人。其诗词艺术具有题材丰富、语言平朴和以写实为主、崇尚理趣的特色，以及怀古励行、咏物寓志、借景抒情、酬唱互勉等特点。

怀古励行：怀古咏史是诗词中最重要的题材。王十朋的怀古诗在其诗集中所占比例最大，具有依史典勉励其行，树立良好品行的内涵。三国中的诸葛武侯形象，是他怀古诗的聚焦点，用诗凭吊先贤，敬仰诸葛亮的才智和忠心。《夔州诗全集》收录的王十明的203首诗词中写三国的诗有14首，其中有11首是歌颂赞赏诸葛孔明奉公守节、鞠躬尽瘁的，居历代诗人之最。《梦观八阵图》中的“奇才盖三国，壮志吞两都，惜哉功不遂，英雄为欷欺”，既表达对诸葛亮的雄才伟略的敬佩之情，又感叹未能完成统一大业的遗憾不已。这充分体现出他的诗词如其为人，以及他精忠勤政的品质。

咏物寓志：这种手法在诗词创作中广为所见。王十朋的咏物寓志诗词较多，最典型的是将平生所为，崇拜于所爱的梅花品格之上，自号“梅溪先生”，他一生写下近百首咏梅诗词。梅格即人格，对梅花品格的审美追求，显示出王十朋卓然独立的清廉形象。夔州诗中的《梅雪》是他咏梅诗的经典代表，“同僚文字三杯酒，腊日江山八阵台。冷有人嫌吾似雪，清如尘染客如梅”，用梅花与冰雪为意象，意境深远，既赞赏了梅花的高贵气节，又喻人的高洁忠贞。这与诗人身上的忠正耿直和效法高洁的人格有关。

借景抒情：“景生情，情生景”，情景交融、浑然一体是诗人惯用的手法。王十朋每到一地把自身所见所闻表达在触景寄寓、喻理执政之中。赴任离任途中所见的自然景观吸引着他的目光，为官执政中感受的艰苦生活触动着他的情思。来回夔州和在此执政期间，他创作了100多首借景抒怀诗，真实记录下了他在夔州的所见所闻所感。《自鄂渚至夔府途中记所见一百十韵》是王十朋赴任途中，自湖北江陵至夔州借景抒情的长诗，是目前所见的宋代夔州诗中字数之冠。

酬唱互勉：借同僚挚友聚会或书信酬唱情怀。王十朋写有50多首与亲朋好友及同僚之间的赠答共勉诗词。乾道二年（1166年）秋，同在蜀地任职的同榜状元、榜眼、探花“三鼎甲”拜会夔门，同游卧龙山，诵少陵、论三国酬唱情谊，他当场写下《三友堂》诗——“丁丑同年友，三人忽此逢。符分俱握虎，簪盍偶成龙。抚卷神山远，衔杯瑞雪浓。一壶胜太白，形影月游从”，以示纪念，并把三元聚会的客堂命名为“三友堂”流传至今。

宋代理学家、大儒朱熹在《宋梅溪王忠文公文集》序中称颂王十朋的诗文：“浑厚质直，恳恻条畅，如其为人。不为浮靡之文，论事取极己意。……盖其所禀于天者，纯乎阳德刚明之气，是以其心光明正大，疏畅洞达，无有隐蔽，而见于事业文章者，一皆如此。海内有志之士闻其名，诵其言，观其行而得其心，无不敛衽心服。”这正好是对王十朋在夔州治国理政、体恤民众和诗文创作的写照，对后世产生了深远影响，对研究勤政为民思想与实践和文化艺术有着重要的意义。

最炫“民族风”
——向菊瑛的音乐人生

邹俊星
（重庆市文化和旅游研究院）

向菊瑛，女，土家族，1954年生，著名作曲家。毕业于四川音乐学院作曲系，系中国音乐家协会会员、中国少数民族音乐学会会员、原重庆市音乐家协会副主席；原重庆市艺术创作中心音乐舞蹈部主任。重庆市“优秀专业技术”人才；国家艺术基金专家库专家；享受国务院政府特殊津贴专家。

她创作的歌曲《小背篓》《摆手舞》《青滩的姐儿，叶滩的妹》分别获中共中央宣传部第七届、第八届、第十届“五个一工程”奖；创作的歌曲《把丰收的喜悦跳出来》《赶秋》获国家文化部第九届、第十五届“群星奖”；创作的歌曲《小背篓》获国家文化部第二届“蒲公英”奖；创作的歌曲《小背篓》《摆手舞》《青滩的姐儿，叶滩的妹》《木叶歌》《挨到起》《赶秋》《山里的火塘》《山里人爱唱山里的歌》等获重庆市“五个一工程”奖；创作的歌曲《小背篓》《摆手舞》分别获重庆市首届、第二届文学艺术奖；创作的歌曲《幺妹跩》获重庆市华龙网、市音乐家协会主办的原创歌曲大赛十佳；在重庆市文旅委举办的“重庆市乡村艺术节”中获一等奖；并由军旅歌唱家李丹阳于2019年在央视“民歌中国”上演唱。

童年忆事

向菊瑛，从小生活在民歌似海、歌舞成洋的环境里，耳濡目染，自幼便在她心里播下了音乐的种子。随着岁月的流逝、人的成长，她走上了专业音乐创作的道路。

说起她的音乐缘，还有许多有趣的故事。听她妈妈说："生她时，刚离开母体，呱呱坠地，屋里一扇大门板，迎面倒下压在装她的盆上，大家惊呆了，鸦雀无声，都以为这下完了。"忽然听到清脆响亮的婴儿哭声，顿时使家人转悲为喜，迎接刚出世的向菊瑛，她那哭声好像唱山歌，给人们带来了欢乐，给家里增添了喜庆。

家乡的山，旖旎雄奇，家乡的水，明澈清甜，培育着向菊瑛的性情；家乡的悦耳山歌像磁铁吸引着向菊瑛。哪里在唱歌，她就追到哪里，专心听，跟着学；哪里花灯跳得欢，她就跑到哪里，目不转睛地看，嘴里跟着唱，手脚跟着舞。渐渐地，音乐注入了她那幼小的心灵，培养着她的音乐感。后来她所写的歌，旋律优美，情韵悠悠，应该说这得益于家乡山水的滋养、民族音乐的浸润。

校园百灵

向菊瑛上学后，学习成绩很好，特别喜欢音乐和舞蹈，口不离曲，身不离舞，很受老师和同学们的喜爱，成了学校的文娱活动积极分子、文艺拔尖人才。从小学到高中，她经常担任文艺晚会的报幕员、舞台上的独唱演员、舞蹈中的领舞者。音乐老师对她特别关注，经常在课余教她乐理，怎样欣赏音乐，还教她作曲，让她一定要熟读歌词，分析音韵结构，深入理解歌词表达的内容，明白以情当先、乐随心生的道理。加上她平时爱唱山歌、民歌、日积月累，越记越多，经常从她口中流出许多好听的旋律。此后，她经常代表学校参加县里的文艺演出，见的东西也多了，接触了许多歌曲，从那些歌中去寻找作曲方法，逐渐悟出了道理。后来，她自己试着写成了歌曲《知识青年下乡来》《家乡是个好地方》等，开始了她的作曲生涯。

高中毕业后，向菊瑛留在当地当小学代课教师、民办中学教师，语文、数学、音乐都要教。但她钻研音乐的脚步从未停歇，经过不懈努力，1977年她以全县第一名的成绩考上了四川音乐学院作曲系。进入音乐学院后，她定下人生奋斗座右铭"立志、拼搏、成才"。除学习公共课外，学校安排了专业课老师姚允文教曲式学、杨子星教和声学、刘文晋教配器法、何国文教复调、宋大伦教民歌、冯光钰教四川清音……她努力地学，拼命地记，为以后工作打下了坚实基础。老师们知道她民间音乐基础好，鼓励她大胆创作，她在校期间即写了不少歌，有的发表在院刊上，如歌曲《毛选五卷发下来》《歌唱三中全会》等，还写了一些器乐作品，如小提琴独奏曲、钢琴变奏曲、小乐队合奏曲等，受到老师的鼓励和同学们的赞扬。

山花芬芳

大学毕业后，向菊瑛回到家乡秀山，被分配在县文化馆当音乐干部，后被提拔为馆长。平时，大量的时间被群众文化活动和行政工作占据，她就把所有的节假日和休息时间都投入到音乐创作上，留下了勤奋笔耕的印迹，如歌曲《高山苗家风光俏》《汽车奔驰三边省》《十里山寨酒飘香》……就是在那段时间写成的。

对她影响最大的一件事，是参加民族音乐集成工作。组织的派遣、工作的需要，使她全身心地投入到全国“七五”重点艺术科研项目——民族民间艺术十大集成，她参加了县里的民歌集成、民族民间器乐曲集成、民间戏曲音乐集成的收集整理工作，成为县里的“集成专业户”。她收集、整理的部分资料还被编入了全国民族民间艺术集成的四川卷，做出了突出贡献。集成工作非常艰辛，必须深入到民间艺术的发源地去调查挖掘，跋山涉水，走村串户，了解歌种、乐种、剧种、曲种、舞种，然后进行采录，收集相关背景材料，工作之辛苦可想而知。加上她结婚不久，爱人又在部队，小孩还在哺乳期，没人照顾，她只好身背奶娃，手提采录工具，走到哪里就住在哪里，一干就是好多年。但是，这种辛苦对有志于音乐工作的人来说，是值得的：集成工作让她更深入、全面地了解到民间艺术的根底，学到了许多在书本上学不到的东西，深深地印入了脑海，融进了血液，增厚了民族民间艺术的积淀层，成为今后音乐创作取之不尽、用之不竭的源泉，对于帮她实现做一位五线谱上跳舞人的理想，起着至关重要的作用。

从此，向菊瑛的创作热情更高涨，笔耕更勤奋，写起东西来好像周身都是音乐，乐思滚滚，优美的旋律从胸中喷泻而出，既新，又奇，更美。如她创作的儿童歌曲《小背篓》，一声喊山调，引起群山回响，即把小时候记住的儿歌悟化、升华，接着呈现富有童真童趣的音乐主题，乐调新颖，儿童形象鲜明，土家音乐风格突出，歌曲结构短小精练，和声处理富有新意，体现出民间音乐（源泉）与技法运用（作曲理论）紧密结合、互补有无的作曲法则。歌曲《小背篓》在参加第七届全国“五个一工程奖”歌曲类评奖中获奖，实现了重庆市在全国“五个一工程奖”中歌曲类零的突破，为重庆争了光。

随着她在事业上的进步和影响与日俱增，向菊瑛常应邀出席市里的或全国性的学术研讨会及作品改稿会。她始终保持着谦虚谨慎、求学好问的作风，因为这会让她开阔视野，更新理念，增长才干。但以我为主的根不动，她坚持广采博纳，兼收并蓄，融会贯通，不断提升自己的创作能力，把过去随情而动的民歌化写作方法，推进到化民歌的思维层次，提升到追求思想性与艺术性完美结合的高度。如获第八届全国“五个一工程奖”歌曲奖的歌曲《摆手舞》，就是她在那个时期创作的一首代表作品。

《摆手舞》是一首歌颂党的富民政策让土家人由穷变富过上幸福生活，男女老少载歌载舞感党恩的优秀歌曲。歌词抓住了土家风物的物象特点，如山水风月、金唢呐、花锣鼓、吊脚楼，进而以人为本，畅抒情怀，构成了人与物、情与景相映生辉、层层推进的艺术表现特征。如“咚咚喹吹响了月儿也摆手，金唢呐吹响了风儿也摆手，咚咚喹吹响了高山也摆手，花锣鼓敲响了大河也摆手”。作品以“摆手舞”为主线，由景入情，由物及人，如“摆手堂里跳起了摆手舞，老阿爸走下了吊脚楼，奶娃儿摆出了花背篓，山女子摆得更温柔，山汉子摆得更憨厚，摆得情歌唱甜了口，摆得忧愁变成了酒”。

一首好歌词可以激发作曲家的灵感，旋律随情而生，曲如泉涌，铮铮有声。向菊瑛因有深厚的土家音乐积累，创作思维活跃，张口成曲，写出了既能表现土家人的深深情感，又富有别致韵味的音乐。如歌中“吔嗬嗬嗬的呐喊”把山里人的粗犷质朴性格表现得形神逼真，主题音乐构成的四句头乐段，既有浓郁的土家音乐风格特点，又符合中国诗法起承转合原则，旋律优美，悦耳动听，朗朗上口，倍受欢迎。展开部中的甩腔，源自土家民歌的多源化合，既新又奇，引起了乐界的关注，接下来的二声部复调写作，以甩腔旋律发展的上声部，飘浮云端，下声部以四句头旋律创作的固定音型进行，特别富有动感，具有极强的舞蹈性，好似天上人间齐欢舞，暗喻天地人和的中国古典美学追求。

向菊瑛勤奋好学，拼搏奋进，取得了累累硕果，引起上级领导的关注，把她提拔为秀山县文广新局副局长，她还当选为县文联主席。她在任期间促成了“渝东南民歌研讨会”召开、全国首届“中国花灯·秀山论坛”在秀山成功举行。后来,市里为了让她在音乐创作上有更好的发展,把她从秀山调到重庆市艺术创作中心从事专业音乐创作。

展翅飞翔

她调到重庆市艺术创作中心后,环境变了,接触面宽了,信息流通频率高了,常下去采风。她意识到过去在秀山,只是对当地的生活和民间音乐比较了解,现在的工作面更宽,地域更广,必须从渝东南的局部扩展至整个重庆市,从乡村视野进入大城市的现代视野,不断深入生活,把握时代脉搏,了解大众心声,才能写出人民喜爱的歌。

市里要求高:创作观念、写作水平要与全国接轨,写的作品从表现内容、技法运用到风格展现都要上乘,因为重庆与全国的优秀作品相比,差距还比较大。她静思自审,悟出自己善写旋律是长处,复调、和声还差一些,于是她便夜以继日钻研理论,分析范例获取真经,天天习作不间断。终于,功夫不负有心人,她后来写的《晒月亮》,既运用了复调写作章法,又突出了风格个性,尤其是支声复调的运用更见写作技法与风格追求的结合立意。从她写的重唱、合唱作品中,还可以看出和声处理的进步:以情当先,遵照法则,根据表现内容去创新处理,追求好的和声效果,这种创作思维方法很值得提倡。

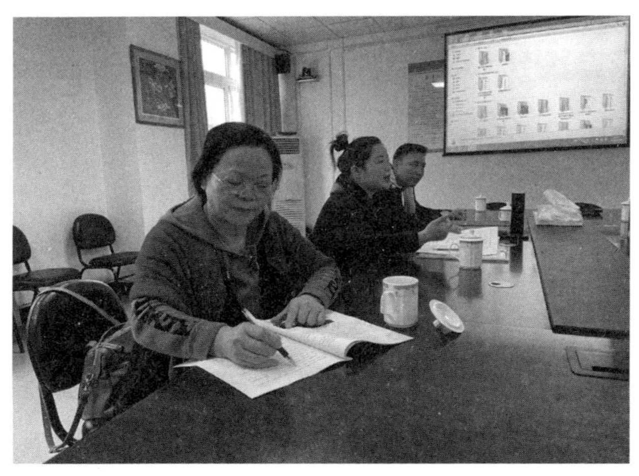

市里为了提高作者的创作水平,从北京请来专家指导,对一些重点作品一次又一次地提出修改意见。因要求高,很多作者心都烦了,向菊瑛也心急,但再急,也得努力修改,最后终于交出了满意的答卷。如全国第十届“五个一工程奖”的获奖歌曲《青滩的姐儿,叶滩的妹》,就是这样改出来的。

从《青滩的姐儿,叶滩的妹》的结构可以看出,向菊瑛在宏观统一与微观处理的协调上,与昔日相比有了质的飞跃。首先,她善于选择歌词,《青滩的姐儿,叶滩的妹》(牟兼玖词),以一句“三峡的姑娘最有味”起头,让人展开形象思维,遐想无限。并以“从实入虚,从有进无”的美学追求,布局音乐结构,虚实相间,跌宕起伏,层层推进,既有“唱起情歌声声醉”的情感倾诉,又有“驾起船儿浪里飞”的动态描写,还有“背篓背过巫山云,脚板踩过香溪水,白天跟着太阳走,夜晚陪着月亮睡”的浪漫生辉,真是让人美、使人醉。作者借助虚实相间的人、情、景、物的交融表现，让听众去感受三峡人的勤劳、勇敢、质朴、善良的品德，舍己为公、敢想敢为的大无畏精神。作品以小见大、合情合理地表现了三峡人民为支援国家建设，舍小家顾大家的伟大移民精神。

乐随词生，这首乐曲在深入解读词意中产生，用三峡民歌作素材创作而成，旋律新颖，优美动听，张力大，且富有动感，民族情韵浓郁。歌曲结构精练，抑扬布局得体，起承转合有章有法，引子中每句的长音上用小装饰音处理，犹如波随浪行，好似波浪滚滚，涛声阵阵，别具韵味，突出了音乐的地域性。“三峡姑娘最有味”用叠句布局全曲，时显时隐，旋律流动起伏跌宕，启迪无限联想，味浓意深，升华了作品的感染力。

该歌曲结构的另一特点是：注意动静对比、抑扬对比和音符时值的疏密对比。引子尾声首尾呼应，张扬大气，除过渡乐句外，中间的ABC结构，A段字多音少，一字一音，跳荡活泼，深化了词意，属“密”形态；B段音多字少，节奏舒展，旋律性强，有助于表现词中的浪漫情调、宽广胸怀，属“疏”形态；C段重复“三峡姑娘最有味”，带口语化的旋律，表现出一种夸奖韵味，很有特点，突出了与其他句式的对比。“岩缝缝的花朵红艳艳，满江春光惹人醉”是全歌的点睛之笔，也是比兴用得最妙之处。言简意赅，深邃味长，音调高亢，大气韵广，气冲霄汉，峡中回荡，词曲佳配，相得益彰，升华审美，给人力量。

2021年是自疫情后舞台艺术复苏的一年，向菊瑛的新作品，一首《油菜花开遍地金》出现在舞台上，这首作品出自大型国乐剧《告别千年》，是重庆围绕决胜全面建成小康社会、决战脱贫攻坚主题创作推出的一部重要作品。该剧以“全国脱贫攻坚楷模”荣誉称号获得者、巫山县竹贤乡下庄村党支部书记毛相林带领村民绝壁修路的事迹为主线，用山歌、民谣、劳动号子作为音乐素材，综合运用原生态音乐、舞蹈、声光及舞台科技，生动展现了重庆农村近年来发生的巨大变化，以及重庆人民在脱贫致富的道路上攻坚克难，砥砺前行，创造美好生活的时代画卷。《油菜花开遍地金》这首歌曲也就应运而生。

向菊瑛是一位创作热情旺盛，多产丰收的作曲家。以上举例不可能展示她的全部成就。

笔者与向菊瑛老师的相识还得感谢钟光全老师，他们做学问的态度是我们后辈学习的榜样。他们秉承着严谨的研究态度，扎根于实践的田野，从20世纪80世纪做“民间音乐集成”的岁月一直奋斗到今天，如今向老师的作品仍然活跃在当代艺术舞台上。人生路漫漫，后面比前长，传统是往昔的再现，今天是明天的传统，我们期待向老师的作品在五线谱上跳得更欢乐，跳得更宽广！

童心永驻　漫画不止

——王维浩的儿童漫画艺术

焦　芬
(重庆市长寿区作家协会)

王维浩近影

王维浩，重庆市长寿区人。中国作家协会会员，中国科普作家协会会员、重庆市作家协会全委员、重庆市美术家协会会员、重庆市长寿区作家协会主席。主要从事儿童文学和少儿漫画以及科普创作。能写会画，从童话《花狗探长皮里斯》《黑猪村官巴托》《我和米米旅行记》到少儿科普读物《新世纪少儿百科文库》《动物王国的秘密》《植物王国探奇》《儿童安全锦囊》；从动漫故事《独闯强盗山》《智取魔法钥匙》《咕噜岛历险记》《探索古堡之谜》到《爆笑成语》《功夫成语》《尖叫成语》《十二生肖成语》等，已出版270部文学作品和漫画图书。这一路走来，王维浩不断地战胜自己，挑战自己，经历了常人难以想象的耕耘和付出。

梦想在群书中点亮

谈到自己的文学之路，王维浩深有感触地说："环境对一个人的成长确实起到了至关重要的作用，我的文学道路和童年时代所处的文化氛围有着密不可分的联系……"

20世纪50年代末，王维浩出生在长寿发电厂的一个职工家庭里。长寿电厂是新中国第一个五年计划重点工程，是我国第一个自行设计、自行开发和建设的梯级水力发电站，被誉为“水电工程师的摇篮”，受到党和国家领导人的高度重视。当年，长寿电厂的领导非常重视职工的业余文化生活，厂部图书馆的藏书量甚至超过了长寿县图书馆。幼年时的王维浩很喜欢到厂图书馆看书，那时由于小，他就用父亲的借书证去借书看。特别是每到放寒假的时候，他更是整天在家里看书。寒冷的冬天，对王维浩来说，家简直就是一个安乐窝！他一边烤着火，一边津津有味地阅读各种书籍，从早看到晚……上小学的时候，他已经能够流畅地阅读《金光大道》《艳阳天》等长篇小说。

除了看书，王维浩还喜欢画画 。他从书上看到一些自己觉得好看、好笑的词句中，想象着画些只有他自己懂的画。有时，他还在画的旁边写上点儿文字说明。

上高中时，他写的作文时常被老师拿来做范例讲解。

下乡当知青时，王维浩除了劳动外，一有空就看书，并且还结合他以前看的各种书，开始尝试散文的写作。

后来，王维浩返城进入狮子滩电力开发公司，随后进入重医卫校学习。毕业以后，他回到单位，在医务室工作。在医务室工作期间，他发现广大职工家属非常缺乏医药知识，于是，他用科普文学的形式创作了一篇文章《服药时应该注意什么?》，在《重庆日报》发表出来，更加深了他对文学创作的热爱和追求。也正是这篇处女作的发表，极大地增强了他对文学创作的信心。之后，他仍笔耕不辍，陆续在《西南电力报》《重庆电力报》《故事会》《重庆晚报》《西南经济报》等刊物上发表散文、小小说等作品。

一次，王维浩无意中看到一位日本作家的作品，那作品不仅凝聚了大量的科普知识，而且更富有时代性和艺术性，把文学和美术完美地结合起来，这让王维浩茅塞顿开。于是，王维浩果断做出决定：走文学和美术相结合的道路！

这时候，王维浩已经不满足于小打小闹，在报刊上发表豆腐块文章了，他想要创作一部具有一定分量的个人著作。经过不断对市场的考察和对孩子的观察，他发现越来越多的家长很重视孩子的启蒙教育和在这方面的投资。经过自己的努力耕耘，王维浩创作出了《少儿动手动脑益智大王》，书中有儿歌、智力游戏和插图。此书按难易程度分为“趣味摆绳”“树叶贴画”“趣味手影”“趣味火柴”四个部分，孩子们可以跟着这本书动手做游戏，动口念儿歌，动脑筋想问题，加强眼、手、脑的协调，逐步加强手脑结合训练，达到开发智力的目的，从而提高阅读的兴趣及成就感。他高兴地拿着自己的作品到重庆出版社，找到那里的负责人，可那里的负责人看到作品后，却委婉地拒绝了。但王维浩并没有退缩，而是又拿起他的作品，从长寿乘坐晚上的轮船去重庆，然后又坐火车到成都。到达成都后，王维浩对成都的地理位置完全不熟悉，在当地买了一张地图，并在地图上找到了四川少年儿童出版社（以下简称“四川少儿出版社”）。然后，坐公交车到了出版社。在出版社，他找到了总编辑室，把作品拿给一位姓刘的编辑看。刘编辑看过作品后，感觉选题还不错，就叫王维浩把作品留下，回去等通知。一个月后，王维浩收到了四川少儿出版社的通知，同意他的书出版，但要根据出版社的要求作修改。

首部文学与漫画结合的书出版，标志着王维浩在文学艺术领域有了一个新起点，也更加坚定了他把文学和漫画艺术相结合的决心。

让漫画在期盼中飞翔

王维浩凭着与生俱来的灵气，孜孜以求，以精益求精的文学创作态度，勇于探索、不断进取。在创作的同时，王维浩还不断地拓展自己的思路，经常和孩子们交谈，从他们的言语中获得宝贵的建议。并且，他还根据孩子们的身心特点和喜爱的读物，针对不同年龄段进行创作，让孩子们在阅读他的作品时，既能加深对有关知识的认知和理解，也能培养阅读的兴趣。

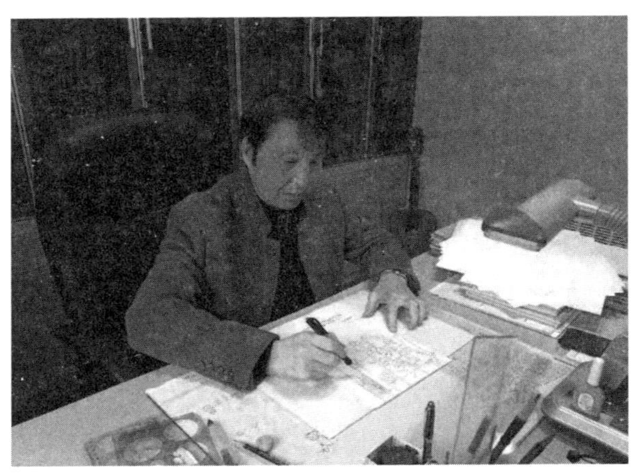

王维浩在创作中

众所周知，艺术领域里文采斐然的才子不计其数，善使丹青妙笔的“马良”也层出不穷，而真正要做到把文学和漫画有机结合，并闯出一条有生之路的“文漫复合式人才”并不多见。1999年，四川教育出版社出版了他的“少儿趣味推理世界”图书四本，分别由《趣味图形推理》《趣味画谜推理》《趣味逻辑推理》《趣味侦探推理》组成。丛书用直观的漫画图案，采用不同形式设知识点，让少儿通过看图进行推理。图形内容（即知识点）的设计结合少儿的心理特点，运用直观形象和生动的图形变化来开发少儿智力。在内容上采取循序渐进的方式，从易到难，融生活常识、逻辑知识、数学知识等于一体，有助于训练儿童的思维、开启其智慧，力图把少儿的思维空间扩展为更广阔的立体思维，使儿童的大脑得到充分锻炼。该丛书对于儿童提高观察生活的能力，开阔眼界，丰富知识，适应现现代社会高强度、高智力的竞争大有裨益。

“少儿趣味推理世界”四本图书的出版，极大地鼓舞了王维浩。在漫画的世界里，他更是有了新的想法。2003年1月，四川少儿出版社出版了他的两本“爆笑成语”漫画。这套书出版后，得到了广大少儿的喜爱，并连续加印四次。图书用成语猜猜猜和漫画的形式，让孩子们在猜的过程中记住成语，学会成语；并用生动的图案，来表现出成语的含义，让孩子们在玩的时候、读的时候，记住它们。

这套“爆笑成语”的出版，在全国引起了极大的反响。2003年6月，王维浩的“60秒小侦探”系列五本精品漫画图书，由四川少儿出版社出版，于2003年9月，第三次印刷，发行量达7.5万册，得到广大儿童和家长的一致好评，并在我国台湾出版发行。

2005年5月，王维浩的“花狗探长皮里斯”侦探故事，由四川美术出版社出版。全套书分为《大火引起的失窃案》《瓢虫失踪案》《拘捕令另行执行》《桃园里的证据》《抢劫者的死亡》《葡萄园里的秘密》。图书采用科学童话和漫画相结合的方式，连环画、汉字、拼音一起出现，将一个个故事形象地讲出来，让孩子们读故事、学拼音、识汉字、长知识，科学地“破案”，激发他们对科学的认知和爱好。这套书出版后，在中央人民广播电台少儿频道推出，同时，入选新闻出版总署向青少年推荐的一百种优秀图书。

2009年7月，王维浩的《趣味汉字》校园健康口袋书系列，由安徽少儿出版社出版。图书小，便于携带，全套书为四册。每册书里介绍了54个汉字，每个汉字由两部分内容组成。一部分是谜语，让读者通过猜谜语的方式思考所要介绍的汉字的突出特点；另一部分是谜底，也就是所要介绍的汉字的相关内容，包括该汉字的部首、笔画、字义以及组词，乃至多音字读法和使用等方面的知识。为增强内容的趣味性，书中还设置了54个脑筋急转弯游戏，让读者在猜谜语的过程中进行趣味思考。读者打开书本，既可以在有趣的谜语和精彩的漫画的陪伴下学到关于汉字的知识，又可以通过脑筋急转弯游戏体会到意外的惊喜，一举两得。

随着作品的不断推出，王维浩的名声大振，成为重庆儿童文学、漫画文学领域的领军人物。2010年5月，金盾出版社出版了他的《我和米米旅行记》《黑猪村官巴托》两本书。每本书由他配图，书中收录了作者精心创作的20多个小故事，这些故事主要讲述了探寻蚂蚁王国的秘密。《在我和米米旅行记》里，小主人公和米米的旅行是一次充满艰辛和惊险的旅行，也是一次收获丰厚知识的真实的体验。他们一路上认识了蚂蚁王国各个种群的分布、生活习性和不为人知的生存环境。它们有的善良，有的奸诈；有的强悍，有的温顺；有的勤劳，有的懒惰，是我们这个地球村里不可或缺的朋友。当你仔细阅读完这本书后，你会发现，我们生活的这个地球村，原来还有如此奇妙的故事！

2010年6月，重庆出版社出版了王维浩“成语小博士”漫画故事系列，共八册。这套系列故事，是为中小学生量身定做的一整套趣味学习书，用有趣的动漫图例解释成语，便于小读者巧记知识，既能轻松理解成语含义，又能通过例句学以致用。此外，还为小读者增加了“趣味科普知识”栏目，扩大他们的知识面。这是一套难得而又精致的成语图书，已连续四次再版。

2011年6月，金盾出版社出版了王维浩的《爆笑歇后语》和《爆笑俏皮话》两本漫画图书。书中无论是人物，还是动物，形象逼真，让人看后不禁捧腹大笑，记忆犹新！

2012年4月，湖北少儿出版社出版了王维浩的《尖叫成语》系列漫画图书。全套为《大象举重》《鸡能上天》《龟兔赛跑》《猫鼠斗智》《鱼的幽默》《猫鼠同乐》六册。动物以各种动作、形状出现，让孩子们猜出成语。这套书的出版，使王维浩的书更加受欢迎。同时，他这套书的版权也输出到了我国台湾和香港。

2013年1月，王维浩的“一年级爱科学”丛书，由春风文艺出版社出版。全套书为《老鼠王国历险记》《蚂蚁王国大冒险》《蜜蜂公主的秘密》三册。孩子们在读着这些书的同时，也能了解到老鼠、蚂蚁、蜜蜂的秘密。这套童话书里的插图由王维浩自己配图。

2014年8月，重庆出版社出版了王维浩的“校园幽默成语之功夫成语”漫画图书，全套书共八册——《白衣秀士闯山记》《九死一生历险记》《一无所有寻亲记》《无名小卒出征记》《所向无敌争霸记》《四海为家漂流记》《巾帼英雄保家记》《三心二意拜师记》。每一本书里，作者都巧妙地把武侠小说情节与成语有机结合为一体，把成语作为人物和动物来描写，形式新颖而有趣，形象生动活泼，有血有肉。

2015年8月，河北少儿出版社出版了王维浩的科普漫画图书“神奇的蚂蚁世界”共五册。这套书能让读者了解到蚂蚁家族内部的等级划分，蚁后创立蚂蚁王国的种种不易，蚂蚁变成“蜜罐”的特奇经历，小蚂蚁打败大蟒蛇的激烈斗争……这些科学知识全部被蕴含在幽默有趣的漫画故事里。本套书用轻松的方式告诉你蚂蚁的百般兵器、各种绝招儿，以及它们与其他动物之间时而合作、时而斗争的共生关系等妙趣横生的科学知识。同时，蚂蚁是昆虫学家重点研究的对象，这让孩子们可以通过生动的科普漫画故事，了解到小蚂蚁的脾气秉性、奇闻趣事，从而培养起对学习科学的浓厚兴趣，成为一个个爱科学、爱故事、爱漫画的超酷小孩子。

2016年，重庆出版社出版了王维浩的“十二生肖成语”四册漫画图书。作者将生肖和成语相结合，这是一个很大的创新。作者站在一个很高的层面上，打开思维，让作品达到高度的创新。

2019年2月，西南师范大学出版社出版了他的“给孩子的精美科学童话”五册科学童话漫画书。本套书可以满足孩子们对大自然的求知欲望，增长他们的智慧。《大雨来了》中，水缸会“出汗”，泥鳅会蹿出水面吹泡泡，雨蕉姐姐会“流泪”，美丽的红蜻蜓会低飞。《蚊子看不惯苍蝇》中，苍蝇总是不停地搓爪子，水黾会“水上轻功”，昆虫的耳朵总是长在意想不到的地方。《抢救苹果妹妹》中，植物跟人一样有不同的“血型”，花儿会跟着太阳转，青青小草会吃虫子，三叶草会睡觉……这一切有趣又好玩，奇怪又新鲜，孩子们怎么会不喜欢呢？2019年8月，西南师范大学出版社出版了王维浩的“哈哈熊安全教育绘本”系列漫画图书12册。全书分为小班、中班和大班三个级别，每个级别各四册。

2020年1月，科学普及出版社出版了王维浩的“儿童安全锦囊”五本漫画图书。这套书不管是从文风，还是画风，都很贴近青少年阅读。如何让同学们学会健康自护，尽可能地避免意外伤害？或遭到伤害后，应该怎样及时处理？这本书就是最好的教材！

绽放美丽人生

在儿童漫画这条道路上，王维浩不仅只出版图书，他还在《中国少年儿童》《意林·儿童绘本》《小天使》《我们爱科学》《小猕猴》等杂志上长期连载儿童漫画作品，有的连载长达8年。

迄今为止，王维浩公开出版的图书就有275本，文字达2000万字，配图40000多张，深受广大少年儿童欢迎。

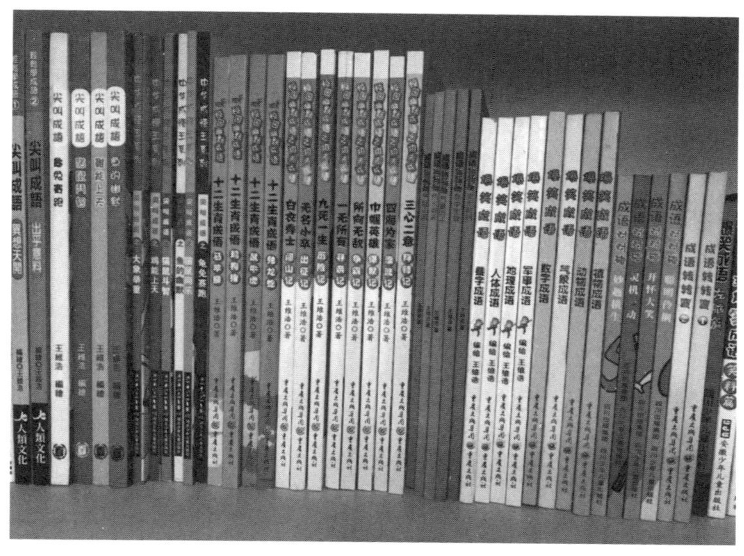

王维浩创作的部分作品

2007年，王维浩被评为全国优秀科普作家、重庆市十佳科普作家。

2008年，王维浩当选为重庆市十佳写书人。

由于其在儿童文学创作领域的卓越成就，王维浩被载入2009年出版的《重庆儿童文学史》。

2011年，王维浩被评为感动长寿十大人物。

同时，王维浩还获得了《重庆文学》年度儿童文学奖、第三届世界华人科普新秀奖。他创作的多种图书在我国台湾、香港和新加坡出版发行。

王维浩的创作是成功的。《重庆儿童文学史》在收录他的作品时给予了这样的评价："作品既有客观准确的科学知识，又有引人入胜的幻想和虚构，而在科学性与漫画艺术性结合中，王维浩并非仅仅是在奇妙的童话世界里沉淀着科学知识的块垒，他是运用丰富的想象、拟人化的手法、流畅易懂的语言、动人的童话形象等将科学知识有机地融汇于童话的动人意境中，从而使孩子们在趣味盎然的童话森林里漫步……"

尽管取得了众所瞩目的文学艺术成就，斩获众多奖项和荣誉称号，但王维浩始终保持着一颗平常心态，认真地对待自己的写作，把全部精力献给了他所钟爱并为之奋斗的儿童文学事业，以自己卓越的文学成就和"俯首甘为孺子牛"的文学创作精神，激励着无数怀揣梦想，跋涉在文学道路上的后辈，为他们在文学领域树立了榜样，指明了前进的方向！

当谈论到名利观的时候，王维浩真诚地说："面对名利，我们无法回避！每个人都有虚荣心，我也不例外，适当的虚荣心是激发人努力进取的重要动力！但是过分地追逐名利，会让人迷失前进的方向，尤其是我们搞文学创作的人，心态一定要淡定，要耐得住寂寞！当然，说这样的话容易，但真要做到，确实需要超乎寻常的毅力。所以，我平日里深居简出，把自己关在书房，一门心思搞创作。对我们搞文学创作的人来说，作品永远是我们的第二生命，只有创作，才能让我们的生命更有意义，才能让我们的精神财富永不枯竭……"

王维浩正因为守得住寂寞，他的创作速度才如此惊人；也正因为他有一颗淡定的心态和一颗不老童心，他的创作源泉才奔流不止。

目前，王维浩还有几套书正在出版中，他依然保持着一颗永远不老的童心，小小的书房就是他通向文学殿堂的星光大道，也是他和广大青少年朋友共享的欢乐舞台！

晏阳初的平民教育

胡平原
（重庆市巴南区委党史研究室）

晏阳初（1890年10月26日—1990年1月17日），别名晏遇春，四川巴中人，中国平民教育家和乡村建设家。晏阳初的平民教育和乡村建设不仅在中国成就辉煌，而且在世界多所大学的学术机关也得到肯定。

在学业中为平民教育锐意进取

晏阳初出生在一个世代书香的家庭，天资聪慧，5岁启蒙。在父兄的言传身教下，他从小就刻苦攻读儒家经典"四书""五经"。少年时代，清朝腐败，丧权辱国，民不聊生，人心思变。在内忧外患、民族危机的形势下，统治集团内部的新洋务派张之洞和维新变法派康有为、梁启超等，先后主张以实学造就经世致用。晏阳初深受其影响，而年少的他尤其醉心于"民惟邦本"和"民贵君轻"的民主意识，初步奠定了他爱民和务实的基本思想。

1903年，晏阳初离家远赴保宁府基督教"中国内地会"创办的西学堂求学，在那里接受了英文、算术、历史、地理、化学等西学教育，同时接受了基督教的洗礼。1907年，晏阳初在完成了西学堂的课业后，又不远千里来到成都进入"美以美会"办的中学，后肄业。在这里，他除了学习英美各教会联合组织的中国教育会编印的教材外，还学习商务印书馆发行的各种教科书及课外读物，满足了他渴求西学新知的欲望。三年后，晏阳初接受了成都一中的聘请，担任该校的英文教师，时年21岁。次年，他协助两位英国青年传教士在校内设立辅仁学社，并担任副主任。1911年辛亥革命爆发，成都各学堂宣布放假，晏阳初即返故里，在巴中中学任教。1912年，他转回成都辅仁学社，在史梯瓦持教士的建议下，赴香港圣梯芬孙书院深造。1913年9月，他以优异的成绩考入圣保罗书院（香港大学前身），根据规定，新生第一名可得英皇爱德华奖学金1600元，但条件是须承认做英国属民。晏阳初愤然拒绝了这一偏执狭隘的排华条件，毅然放弃了这一笔优厚的奖学金。在香港求学期间，耳闻目睹殖民地化的种种表现，使他深感国弱民囧的悲哀，滋生了改造中国、振兴华夏的宏伟愿望。于是，他决意赴美攻读可以济世安邦的政治与经济专业。

1916年9月，晏阳初进入美国的耶鲁大学。在耶鲁大学期间，他加入了中国留美学生会，被公认为留学生中品学兼优且社交活动能力较强的佼佼者。晏阳初亲身经历了专制帝政、辛亥革命、中华民国初建、袁世凯复辟等历史过程，深感中国亟待实行民主，因此对民主政治制度和法治精神进行潜心探索。他打算回国后从事平民教育，竭力培养民主精神以富国强民。当时，资产阶级革命家康有为之侄与他同班，他们志同道合经常在一起研讨革新中国政治和发展民族经济等社会问题。与此同时，他还结识了哥伦比亚大学师范学院体育系的高材生许雅丽小姐。许是一位很有抱负的爱国志士，她决心学成后回国从事女子体育教育，为强民强国、振兴中华而献身。之后，他们结为伉俪，为平民教育与乡村建设事业贡献力量。

1918年夏，晏阳初在耶鲁大学毕业，随即赴法国战场参加基督教青年会主持的为华工服务的工作。他来到法国普蓝的战地服务中心工作后，为当地500华工代写家书、翻译、传达和代购物品等。他深切同情华工们的艰辛和疾苦，与他们打成一片，建立了深厚的感情。晏阳初发现这些被西洋人轻侮和蹂躏的“苦力”其实并不愚笨，他们的“无知”完全是由于贫穷和被剥夺了上学读书的机会所造成的。只要开发其“脑的矿藏”，就能最大限度地释放其蕴含的光热和能力。首先，他在繁忙的工作之余，创办了华工识字班，积累了在较短的业余时间内摘掉华工文盲帽子的成功经验。接着，他自编常用汉字《千字课本》作为教材，并赴巴黎主持20万华工的扫盲教育工作，全面开展了识字教育运动。

他还创办了面向华工的《华工周报》。所有这些，都有助于提高华工们的文化知识、爱国思想和精神素质，受到华工们的热烈欢迎。一年后，这20万华工中就有38%的人摘掉了文盲帽子，能够书写家信并阅读《华工周报》。华工教育的成功实践，使晏阳初深受启迪，他由此悟到政治经济的基础在人民，即古训所谓“民惟邦本，本固邦宁”。他认为：如果祖国的“苦力”之苦不能根除，他们的潜力不开发，中国的政治就不可能清明，经济就不可能发展。他下定决心将全部身心贡献给苦力者，为开发他们的“脑矿”，为祖国的平民教育锐意进取！

在事业上为平民教育顽强奋斗

1920年7月，晏阳初搭乘“俄罗斯皇后号”海轮回国。目睹半殖民地半封建的中国社会政治腐败，军阀横行，满目疮痍，民不聊生，更使他感到推行平民教育刻不容缓。他认为中国面临两大难题：一是人民文化素质太低，文盲众多，对民主政治一无所知，听任政治掮客们愚弄，所以中华民国空有“共和”之名，实与封建专制没有本质区别。二是官贪吏虐，巧取豪夺，致使社会经济不能改善，没有健全的舆论，国民无从监督政府，此为内忧外患之源。他认为要改变上述现状，唯一应做之事是开发民智。于是，他决定应余日章邀请，主持中华基督教青年会全国协会平民教育部的工作，计划从华东开始做起，逐步向华中、华南、华北、西北、华西推行全国性的识字扫盲教育运动。

五四新文化运动产生的多方面的积极影响之一，是在进步知识分子中形成了一种“教育救国”的认识，平民教育思潮应运而生，这对晏阳初的事业极为有利。他从1920年冬到1922年春，游历考察了19个省的平民教育现状，访问各地的通俗学校、工读学校和各校师生创办的各种平民学校，在参观考察的同时，收集了大量的教材教具。他发现国立东南大学陈鹤琴教授有关常用汉字的研究成果，特别是陈氏所归纳的最常用字1000字中，与他在法国编写的《千字课本》用字有800多个字相同。据此他重新编订了一本《平民千字课》。

1922年2月，晏阳初主编的《平民千字课》正式出版。每册24课，共4册，合计96课，第1、2册专重认字，第3、4册兼重常识。每课有10—11个生字，生字旁均有注音字母，正文前并有相关的插图一幅，把课文的内容形象地描绘出来。这种形、音、义结合，图文并茂的教材对学生的阅读理解帮助极大，发行后深受欢迎，至1928年3月，6年间修订再版了13次。在它的影响下，《平民算法》《平民历史》《平民地理》《平民书信》《平民千字帖》等多种课本相继涌现。为了壮大平民教育的声势，晏阳初积极动员和组织热心人士，形成骨干力量和师资队伍，努力创造平民教育气氛，认真总结和推广各地创办平民学校和实施教学的成功经验与有效方法。注重社会调查和总结经验，是晏阳初一贯的工作作风。通过在全国19个省的实地考察，对中国的国情有了比较全面的了解后，他改变了以上海为中心进行实验的计划。因为上海的殖民主义气味太浓，不能代表中国，指导全局。相比之下，他认为湖南长沙更为合适。于是，他于1922年2月赴长沙积极组织和推进平民教育运动。获得成效后，他又选择烟台和嘉兴作为不同文化环境的实验点，也在较短的时间内摘掉了成千上万人的文盲帽子，赢得了社会各阶层人士的广泛赞扬与支持。之后，晏阳初还把平民教育推广到了军界，受到东北军张学良少帅的欢迎。

晏阳初（左一）和平民教育促进会同事在河北定县留影

1922年12月，晏阳初发表了《平民教育新运动》一文，阐述其平民教育主张，力求建立其平民教育思想理论体系。同时，他借助平教会的组织力量不断培养人才，逐步建立起一个以他为核心的平教领导机构。其后发表的《平民教育的真义》《平民教育概论》二文，系统地阐述了他对平教运动性质、作用、意义和方法等问题的看法。

1923年8月，中华教育改进社在北京清华大学举行年会时，成立了以晏阳初、张伯苓、陈宝泉、蒋梦麟、陶行知、朱其慧等人为领导核心的中华教育促进会总会。晏阳初任总干事，主持一切实际工作。接着，由陶行知和朱经农牵头，邀集教育界的专家名流对《平民教育千字课》进行改编修订。这一凝聚着教育界集体智慧的教科书，以晏阳初原编的《平民千字课》为基础，在内容、形式和教法上均有较多的改进，进一步体现了实用、易学的平民教育原则。

晏阳初在河北定县亲自给农民扫盲

1924年，晏阳初把平教会的工作重心转向中国农村，在华北保定地区开辟了乡村平民教育实验基地，后来选择了河北定县作为中国乡村的代表县，把它视为中国乡村整体改造的“社会实验室”。这一设想吸引了大批有志于平民教育事业的学者，纷纷赶来参与平民教育的实施。

1928年5月，平民教育的成就受到了中国第二次全国教育会议的充分肯定：认为它是适应世界潮流、符合中国国情、为我国所独创的新教育，很有生命力和发展前途。鉴于全国已有30多万知识分子义务充当平民学校的教师，国民政府特将方兴未艾的识字运动，定为官方认可的运动之一。张学良将军曾以提供800万元作基金为条件，要求晏阳初和平教会同仁参加奉系的政治工作，被他断然拒绝，因为他坚持教育为全民，不受党派左右的主张。海外华侨也认为平民教育的蓬勃发展，使他们感到扬眉吐气，并愿意踊跃捐献资金，支持这一正义事业。晏阳初赴美为平教会发起募捐之所以获得成功，与海外华人的热心赞助有很大关系。

1929年，平教会在晏阳初的领导下，开展了大规模的定县实验，晏阳初和平教会同仁，纷纷举家迁居定县，出现了“博士下乡”的新闻。这是近百年来中国高级知识分子实践“回到农村”“深入民间”，与“泥巴佬”共同创建新乐园的一次壮举。1929年至1937年的“定县实验”，是晏阳初平民教育实践的代表作，也是他成为世界平民教育和乡村改造先驱者的关键一步。定县实验不仅为探索中国基础教育和社会的出路创立了一种独特的模式和典范，而且后来还影响到亚、非、拉国家和地区。1931年，晏阳初和梁漱溟等应邀参加南京国民政府召开的第二次全国内政会议，通过了《县政改革案》，把定县以县为单位四大教育连环进行实验的办法及县政改革经验责成各省试点县加以推广。

1936年夏，平教会按原定计划由定县南迁长沙，开辟华中和华西新实验中心。是年6月，晏阳初和同仁们在湖南、四川省政府支持下，先后建立了湖南省衡山实验县和四川省政府设计委员会。在这两省推广定县经验中，平教会结合当地实际情况，使平民教育又有许多新的发展。

1938年6月，毛泽东对晏阳初与平教会表示过“以宗教家的精神努力平教运动，深致敬佩！”希望能“有几千几万的优秀干部去参加。”并且表示：“共产党愿作你们的朋友！”

1940年，晏阳初在重庆北碚歇马乡大磨滩（当时属巴县地界），创建“中国乡村建设育才院”，后改为中国乡村建设学院。晏阳初任院长，是中华平民教育促进会（简称“平教会”）培养乡村人才的高等学校。这是中国有史以来的第一所培养乡村工作专门人才的高等学府。随后经国民政府教育部破例批准扩充为独立学院，又更名为“私立乡村建设学院”，它标志着“乡村建设”在中国教育史学制系统上确立了自己的地位。之后晏阳初还建立了以重庆璧山县为中心的实验区，那时平民教育和乡村建设在全国各地蔚然成风，大力推行。

在获奖后为平民教育继续努力

1943年5月24日，来自美国、加拿大、南美及墨西哥各国几百所高等大学学术机关的180名杰出的教育家和科学家，在纽约市卡立兹堂举行纪念哥白尼逝世400周年的盛大集会。盛会上推选并表彰了10位“现代具有革命性贡献的世界伟人”，晏阳初作为唯一的东方人与爱因斯坦、杜威、福特等一起接受了这一殊荣。在他获得的奖状上写道：“杰出的发明者，将中国几千文字简化且使之易读，将书本知识开放给以前万千不识字的人的心智。他应用科学方法，肥沃他们的田土，增加他们辛劳的果实。”晏阳初获得奖励后，戒骄戒躁，以基督教的博爱精神和儒家济民淑世的情怀，决心将定县实验所创造的平民教育推广于全世界，以达到“除天下文盲，作世界新民”之目的。

他针对罗斯福总统提出的“言论”“信仰”“免于匮乏”“免于恐惧”的四大自由，提出应增加“免于愚昧无知的自由”，认为大规模地在全世界推广平民教育是世界和平与民主的重要基础。这一观点在美国获得了强烈反响。晏阳初借此把他的主张对美国各阶层、各界广为宣传，并由此为办好中国乡村建设学院募集到为数可观的经费和招揽到一批人才。美国著名作家、诺贝尔文学奖得主赛珍珠女士积极支持晏阳初的设想，为此写了《告语人民》一书，在美国引起轰动，被印度等国家的乡村建设工作人员奉为经典。美国在全球发行量最大的期刊《读者文摘》也著文宣传晏阳初的思想与实践。1944年至1945年间，锡拉丘兹大学、坦普尔大学、路易斯维尔大学先后授予他荣誉法学博士学位，嘉奖他在中国推行平民教育与乡村建设的巨大贡献。旧金山市则赠予他荣誉市民称号。1945年1月，晏阳初正为“平民教育运动中美委员会”的工作奔波，忽然接到国民政府新任代理行政院院长兼外交部部长宋子文密电，邀请他回国负责主持实施由政府支持的平民教育与地方自治的计划。晏阳初回电指出：“地方自治绝非政府的赠予，实是平民努力的成绩”，“地方自治是平民参与全国与地方的社会经济建设的效果”，他认为平教会系一民间社会建设组织，应保持它的独立性，并以募捐工作尚未完成为由，婉辞谢绝了宋子文的邀请，继续在美从事平民教育工作。

抗战胜利后，晏阳初信心百倍，决心在中国创建平民教育学院、平民生计学院、平民卫生学院和平民政治学院……是年夏，晏阳初拟定了平民印书局、平民电影厂的工作计划，募足了经费，于1946年4月返回离别了三年之久的祖国。其间，他目睹了历经多年战火烽烟的祖国，满身疮痍，百废待兴，心情十分沉重。他与同仁们以抓四川实验区的建设为当务之急，积极培养乡建领导人才，并协助已还都南京的中央政府拟订全国扫盲计划，把乡建学院发展成为以平民教育、卫生、生计、政治为四大基础建设的教学中心。

晏阳初（右一）和爱因斯坦（左一）等被评为“世界伟人”留影

1947年春，由于国内通货膨胀，财政吃紧，平教会在华西的实验遇到严重经济困难，晏阳初再度赴美要求“平民教育运动中美委员会”增援经费。恰逢联合国教科文组织在巴黎开会，提出以中国平民教育经验为基础，在全世界未开发地区推行扫盲和灌输基本教育的计划。该组织秘书长赫胥黎电邀晏阳初出任该组织基本教育计划主任，晏阳初没有接受这一职务，但出席了该组织的研讨会，发表了题为《平民教育与国际了解》的讲演。申明中国的平民教育是按中国“民惟邦本，本固邦宁”的古训和西方“民治、民享、民有”原则进行，旨在扫除文盲、铲除贫穷以达到消除腐败政治实现民主建设的理想。他认为，在全球四分之三的落后地区推行平民教育，是当前世界和平建设的基础，如能把用于战争的物力财力，用于这一社会建设，将更有益于人类。晏阳初的讲演博得了广泛的同情和赞赏。经赫胥黎再三恳求，晏阳初同意担任该组织的基本教育特别顾问。

1948年4月，美“援华法案”通过，其中特列“晏阳初条款”，规定“自经济物资援助的专款中拨付不多于10%的款项用于中国的农村建设与复兴工作”，并规定双方联合成立中国农村复兴联合委员会。8月，中国政府委任晏阳初、蒋梦麟、沈宗瀚为中方委员。

1949年初，国民党政权在大陆全面崩溃之际，晏阳初曾由重庆飞往台湾出席为期一周的农复会会议。反动派的倒行逆施使晏阳初深感失望，他遂拒绝了农复会的挽留，毅然离开台湾，从此与蒋介石集团分道扬镳。

1951年11月10日，晏阳初出席了联合国教科文组织在巴黎举行的“人权日”纪念会，讨论教育机会均等问题。在赴会前，他考察了该组织设在墨西哥的一个基本教育实验中心，在与会时对其成败得失做了客观评价。次年初，晏阳初一行前往东南亚及中东考察，他发现菲律宾的乡村改造很有特色，它以“定县实验”为蓝本，在规模与深度上有所发展。

晏阳初与各国乡村领袖合影

经过几年的实验探索，晏阳初认为定县实验的基本原则、方法和经验，在中国之外的落后国家和地区具有普遍实用性，但必须结合各自的特殊情况，因地制宜，不能机械照搬。由于定县实验在菲律宾推广后取得成功，晏阳初赢得了菲律宾朝野以及国际上有关方面的支持，使酝酿已久的国际乡村改造学院在1967年成立于菲律宾的卡维持省的西朗镇。这所学院就其性质与作用来说，与20世纪40年代的中国乡村建设学院一样，但在规模和深度上又有了许多新的发展。人们崇敬晏阳初，称他为“世界平民教育运动之父”“全球乡村改造的奠基人”。

新中国成立后，周恩来总理时常惦记着滞留海外的晏阳初，对他的行止深为关注。中共十一届三中全会之后，国内的许多机构，如欧美同学会、中国乡建学院校友会、国家侨务委员会以及全国人大教科文卫委员会相继向他发出邀请信，欢迎他回国访问。1985年和1987年，他终于先后两次回到日思夜想的祖国，受到党和国家领导人万里、邓颖超、周谷城、严济慈、雷洁琼、朱学范、胡子昂以及国务院侨务办公室、农业部、国家体委的负责人的热情接待，这些中央领导实事求是地赞扬了他为祖国振兴与人类进步所做的贡献。

1987年7月，晏阳初在中国欧美同学会的欢迎大会上做了题为《我为什么第二次回到祖国》的讲演，重申了他要求为国家贡献力量的真诚愿望。在这次会上，晏阳初被推选为中国欧美同学会的名誉会长。

1988年4月，晏阳初以98岁的高龄从纽约飞抵马尼拉，专程赶去参加国际乡村改造学院为中国学者举办的国际乡村改造研讨会，他虽年事已高，但兴致勃勃地为研讨会作了五次学术报告。他表示："今后还要争取更多的机会到中国去学习，尽可能地吸收有益的营养，来充实我们的国际乡村改造工作。"他还表示："要向周恩来学习，活到老，学到老，工作到老。"1990年1月17日，这位世界著名的平民教育家、乡村改造运动的倡导者，走完了他漫长而曲折、充实又多彩的人生旅程，在纽约一家医院里与世长辞，享年100岁。

巴中市巴州晏阳初公园纪念馆

重庆北碚晏阳初旧居

晏阳初的平民教育和乡村建设理论，是具有中国特色的国民教育思想，其根在中国。平民教育和乡村建设理论，在今天普及九年制义务教育，提高劳动者的素质和农、科、教结合建设新农村的实践中仍有借鉴意义。晏阳初的平民教育不仅在中国大地深入民间，而且在世界各国也声名远播。（参考资料：《四川文史资料选辑》三十八辑。作者系重庆市人民政府文史研究馆特约研究员、中共重庆市巴南区委党史研究室《口述巴南党史》编辑。）

艺苑

《晨风·放生羊》　油画　格桑次仁（西藏）

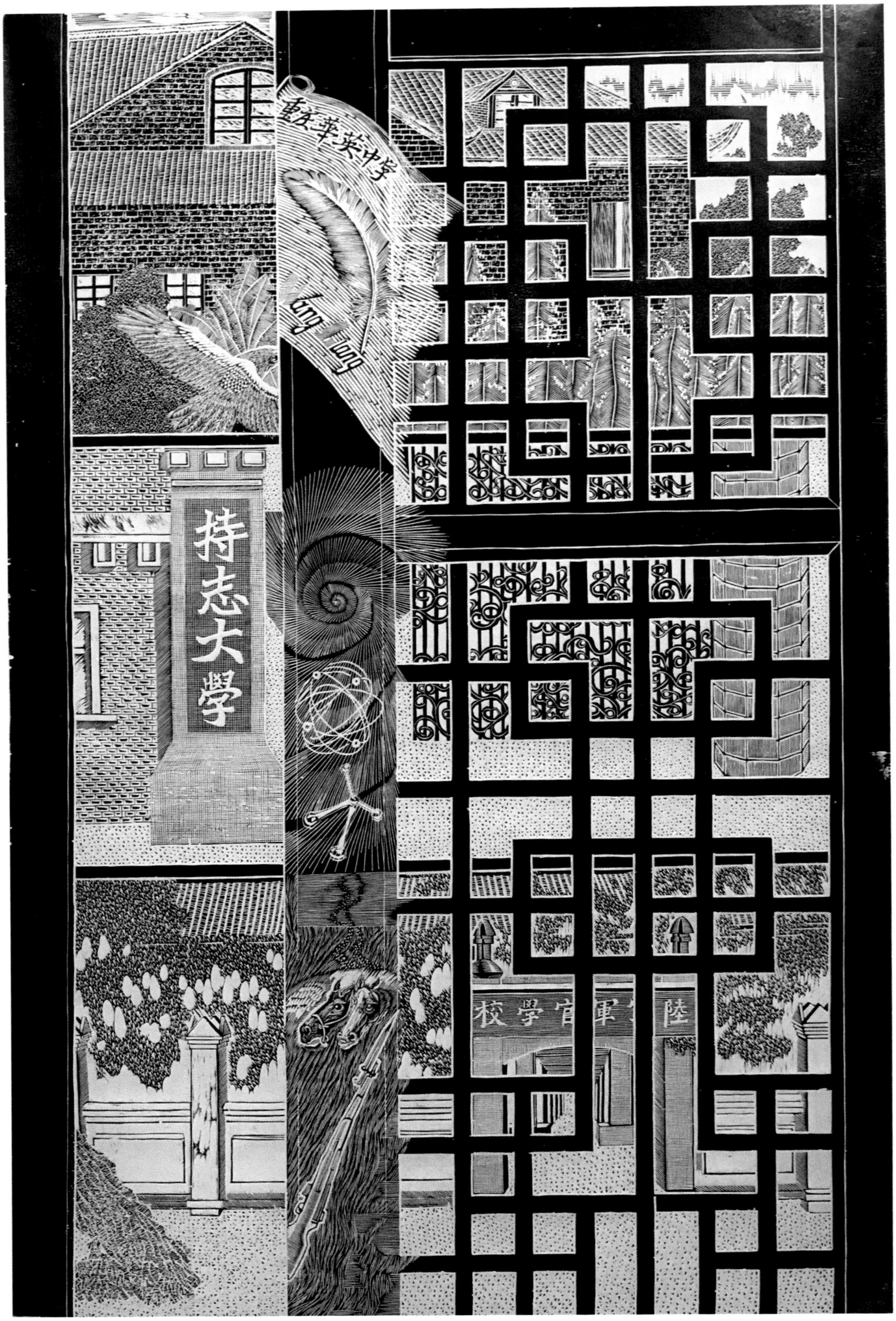

《寒窗生涯》 木刻 黄世勇(重庆)

《红叶山泉颂盛世》 中国画 谭继文（北京）

《家访路上·之二》 油画 辛守辉（浙江）

《凝香》 中国画 方凤富（重庆）

《山城印象》 水彩画 许世虎(重庆)

《山寺清音》 纸本水墨 李彦锋(重庆)

《乡村小景》 水彩画 王建渝(重庆)

《我们将要去向哪里》 中国画 侯丹锋(陕西)

《八月停雨》 油画 杨贵（湖南）

《客从鸳鸯来》 油画 何林翔（四川）

《陇上曲系列之34》 油画 张罡(甘肃)

《守望系列之二》 油画 江晓（重庆）

《布达拉宫之二》 油画 次仁多吉（西藏）

《窗外》 水彩画 梁轩(重庆)

《飞天》 综合材料 罗晋豪（江苏）

马连良与《赵氏孤儿》

王美木

京剧《赵氏孤儿》是一出历史悠久的古典名剧，最早有元杂剧《赵氏孤儿大报仇》、南戏剧本《赵氏孤儿抱冤记》。明代根据南戏改编为《八义记》，近代京剧改为了《八义图》，其中《搜孤救孤》一折，成为经典剧目。后来的京剧《赵氏孤儿》是王雁根据京剧《八义图》并参照马健翎编剧的同名秦腔改编而成。由于这出戏写得太悲壮，早在十八世纪就已被翻译成英文、法文等，在欧洲“登陆”，法国著名文学家伏尔泰还曾根据《赵氏孤儿》法译本编写了一部名为《中国孤儿》的悲剧，其他的一些国外作家也根据这个剧情写过其他的剧作，此剧目的知名度可以说是具有国际性的。

从《搜孤救孤》到《赵氏孤儿》

1959年，正好是新中国成立10周年，为向国庆献礼，成了每个团义不容辞的责任，北京京剧团献礼剧为《赵氏孤儿》，当时的阵容很强大，马连良饰演演程婴、谭富英饰演赵盾、张君秋饰演庄姬公主、裘盛戎饰演魏绛，由著名导演郑亦秋执导。

如今观众所熟知的京剧《赵氏孤儿》，是一出思想性和艺术性完美结合的高品位名剧。同时，《搜孤救孤》也是余叔岩的余派名剧，至今也时常上演，马连良早年也曾唱《搜孤救孤》，走的是谭派、余派的路子。当马连良接到《赵氏孤儿》的新剧本时，要创造一个新的程婴的形象，若要与《搜孤救孤》相提并论，并不是一件容易的事。《赵氏孤儿》算是《搜孤救孤》的一个完整版，延续了剧情的发展及大结局。马连良饰演的程婴这一角色，难度比《搜孤救孤》有所增加，从扮演的年龄段来看，要从一个精力充沛的青年程婴演到老态龙钟的晚年程婴，时间跨度大，人物心态复杂多变，不易演好，表现的方式起码会有两种完全不同的呈现形式。同时，《搜孤救孤》又有先入为主的优势，早年间尤其是在“伶界大王”谭鑫培的鼎盛时期，就由谭鑫培饰演程婴、贾鸿林饰演公孙杵臼、金秀山饰演屠岸贾，这样的顶级大腕组合，在当年就是空前的。之后，《搜孤救孤》又成为一代宗师、余派创始人余叔岩的经典保留剧目。1947年左右，余派弟子孟小冬也将此剧目演绎得淋漓尽致。到了1959年新排演《赵氏孤儿》时，其压力可想而知，要超越曾经的经典，绝非易事，不过对于当年快60岁的马连良而言，任务艰巨的同时也有用武之地。马连良个性化极强的表现力，加之剧本本身就好的基础，使其成功地诠释了程婴这一角色，并将《搜孤救孤》延续了。最终，《赵氏孤儿》成了马派名剧中非常重要的一个剧目。

从余叔岩到马连良

《赵氏孤儿》中有一个重要唱段和《搜孤救孤》是重合的，唱词虽然大同小异，但演唱风格与情感表达却各有不同。这段出现在“公堂”一折：

【二黄导板】

在白虎大堂奉了命，

【二黄回龙】

都只为，救孤儿，舍亲生，连累了，年迈苍苍受苦刑，眼见得两离分。

【二黄原板】

我与他人定巧计，

到如今连累他受苦刑。

开言便把公孙兄问，

小弟言来你是听。

你若是再三地不肯招认，

大人的王法不容情。

手执皮鞭将你来打，

【二黄散板】

你莫要胡言攀扯我好人。

当年余叔岩和孟小冬师徒在《搜孤救孤》中就有这一唱段，加上《搜孤救孤》前半部的【二黄原板】“娘子不必太烈性”，这两个唱段，早已脍炙人口，旋律优美、韵味十足，为广大戏迷熟知、深知，而马连良省略了“娘子不必太烈性”这一唱段，只唱了“在白虎大堂奉了命”，在宗余派的基础上，又有所变化，苍凉凄婉，流畅飘逸，给观众带来了新与美的享受。

在《赵氏孤儿》中删除了《搜孤救孤》的【二黄原板、散板】唱段：

娘子不必太烈性，

卑人言来你是听。

赵屠二家有仇恨，

三百余口命赴幽冥。

我与那公孙杵臼把计定，

他舍命来你我舍亲生。

舍子搭救忠良的后，

老天爷不绝我的后代根。

你今舍了亲生子，

来年必定降麒麟。

千言万语她不肯，

不舍娇儿难救孤身，

无奈何我只得双膝跪，

哀求娘子舍亲生。

马连良20多岁时，不惜自己花钱买票看余叔岩的戏，还经常站在角落仔细看认真听，就怕自己太打眼。那时候的马连良已经很有名气了，但依然喜欢余叔岩的戏，经常看，一边看也一边学。马连良最初也是学的谭派、余派的路子，彻底摆脱余派的“在白虎大堂奉了命”这段，有一定的难度，所以在《赵氏孤儿》这出戏的最初，马连良连这一段也删减了，但此段太经典，最终还是留了下来，马连良最终将此段形成了自己的风格，形成了马派代表唱段。

第一句“在白虎大堂奉了命”在唱词上，与余派就有小的出入，加了“在”字。技法上，换气的点不同，高音也略有出入，“在白”这两个字是连在一起唱的，当年夏山楼主(韩慎先)的《搜孤救孤》中唱的也是“在白虎大堂”，“在白”也是连在一起唱的，有些类似。“虎”这个音马派、余派差不多，上高音、耍腔、拖音，重点都放在了“虎”这个字眼上。接着，马连良是将“大堂”二字连唱，中间不间断，与余叔岩先生的“大”“堂”二字分开唱，作了区分。“奉了”二字基本是按照余派来的，最后一个字“命”就具有马派的特色了，加了垫音“命-呐-啊”，加了垫音后婉转一些，同时垫音中有停顿唤气，给人一些无奈的情绪表达，余叔岩没有“呐-啊”的垫音，就“命”音一直唱完，显得更为坚定一些。

第二句“都只为，救孤儿，舍亲生，连累了，年迈苍苍受苦刑，眼见得两离分。”在起板上就不同，马连良以【二黄回龙】起板，余叔岩则以【二黄原板】起板。唱腔大体相同，“救孤儿”的“儿”字，余叔岩走的是高音，马连良用中低旋律完成，加了一些转音。腔体略有不同的是在最后一个字“分”的处理上，余叔岩处理得很干净利落，也是余派的典型唱法，而马连良则多了一些小花腔，多转了几下，这出戏这样的处理并不是首例，依然是典型的马派的唱腔形式。马派的“分”有苍凉委婉的感觉，余派的“分”刚劲有力，“立音”十足。情感上，一个委婉无奈，一个坚定不移，各有各的侧重点。

第三、四句“我与他人定巧计，到如今连累他受苦刑。”马连良的处理基本按照余叔岩先生的路子来的，“与他人”的“人”字是惯用的马派唱腔，但变化不大，“受苦刑”的“受”，马连良加了垫音，余派中没有。

第五至八句“开言便把公孙兄问，小弟言来你是听。你若是再三地不肯招认，大人的王法不容情。”还是和余派大同小异，“公孙兄问”，马连良在“兄”后加有垫音，余叔岩没有；“招认”的“认”字，马连良和余叔岩处理得正好相反，马连良将“认”字以干净利落的方式完成，余先生在“认”收尾时加有一个上仰的音；“不容情”，马连良在“不”字后依然加了垫音，余叔岩没有。

马连良将垫音增多，一来是增加了委婉的感觉，在接下来打公孙杵臼的时候，更多的是展示一种无可奈何，很矛盾甚至也有些犹豫的心情，二则马连良也展现了自己的唱腔特色。

最后两句“手执皮鞭将你来打，你莫要胡言攀扯我好人。”余叔岩没有唱“将你来打”的“来”字，在“你”后用了一个垫音，然后用了一个上滑音，重点突出了“打”字，马连良唱得比较平和一些，“打”是中低音的处理方式，侧重表现无可奈何。“你莫要”余叔岩原唱为“你切莫要”，就是这点细微的差别。

以整段唱腔的节奏感来看，马连良比余叔岩慢一些，几乎每一句都慢一些，情绪上没有余叔岩那么激烈，显得委婉一些。在尖团字的处理上比如“今”“刑”二字，两位先生处理的方式正好相反。

在这场戏中，马连良表现的是程婴的一种复杂的心情，又矛盾又无奈，似乎带有一点儿犹豫地打了公孙杵臼，而余叔岩则更多地表现了程婴在之前就已经考虑到可能会有这个环节，所以坚定不移地去忍痛完成，干净利落。

这里用了较大篇幅作比较，是因为《搜孤救孤》是余派的经典名作，《赵氏孤儿》是马派的经典名作，同一段唱却都脍炙人口。

八上八下

马连良扮演的程婴，有八个上场、八个下场，没有一个是重复的，他60岁时排演的这出戏，尤其是在“打婴”这段戏中，魏绛抢过鞭子，一推一搡，程婴往那儿一跪，被鞭子一抽，他跪着走，脸上的表情显露出来的是他内心的活动——挨打疼但是心里乐，可算是遇到忠良之辈。魏绛能这么恨，这么打，程婴终于找到可以告知实情的人了，所以这种表演，必须得通过舞台实践，再度创作，才能有如此绝唱。马连良可谓是将一生的舞台经验、舞台表演、方法、舞台领悟等，几乎全部运用到了《赵氏孤儿》中。

京剧《赵氏孤儿》一共有十四场，程婴的戏就占了八场，马连良是该戏的中心人物，在这八场中，马连良每一场的表演都引人入胜。尤其“盗孤”“盘门”“大堂”“说破”几场，尤其精彩。唱、念、做、表，淋漓尽致，令人过目不忘，叹为观止！

“盗孤”一场，是在庄姬公主产下婴儿以后，程婴以草泽医人身份进宫将婴儿盗出宫外。马连良入木三分的人物刻画，很好展现了程婴智慧的一面。从程婴会见公主到他将婴儿放入药箱之内，头也不回奔向宫外，既使公主相信所托之人，又让观众看到了程婴的周密计划。其表演，包括唱、念，身段动作、面部表情、眼神手势，都是较快的节奏，急促、快捷、简要、利落。既表现出程婴的胸有成竹，又能烘托出宫内严密监视的紧张氛围，这是马连良根据情节和人物性格设计的表演和唱腔。

接下来是“盘门”，这场戏可谓是精彩叫绝。程婴刚要跨出宫门，却不想碰到刚刚接手宫门守卫任务的小将韩厥，第一次被韩厥叫住，程婴与韩厥进行了一番唇枪舌剑的辩论，马连良此时的念白故意放慢，心中虽然紧张，却又安然淡定。听到韩厥说了一声：“去吧……”就在抬腿要走的时候，韩厥却高喊了一声：“转来！”话音未落，马连良使用了一个迅速转身的身段，瞬间就把程婴想急于要走却又担心走不成的神态及心理活动，表现得十分到位。接着，韩厥要再次搜身，这对程婴来讲，是致命的，同时还没有理由拒绝，此时拒绝或是不配合就等同于心里有鬼，只好豁出去了，程婴此时又故作镇定的神态，希望他坦然不惊的态度能够让韩厥再次放心，再次放他走，于是用了很平淡、平常的语气："好，请搜！"韩厥似乎真的被程婴这种淡定的状态，轻松无事的语气所蒙蔽，他只简单地看了看打开的药箱，第二次说了声："去吧！"谁知就在程婴刚刚关上药箱，回过头来背药箱准备迅速离开时，刚要背起药箱，药箱里婴儿"哇"的哭声，让程婴惊魂落魄，赶紧用左手捂住箱子，好像这一捂就能把婴儿的声音给捂住了，这是一个下意识的动作，马连良这个动作非常符合当时人物的内心活动。程婴在惊慌中捂住了箱子，韩厥当然也听到了，急匆匆过来，一脚就踏在了箱子上，程婴本能地往回一缩手，却被韩厥踩住了水袖，挣脱不开了，此时的韩厥，已经将手中剑拔出了一半……整个这场戏，细细品来，马连良先生加的动作不仅符合逻辑，同时对人物复杂的内心世界有着很好表现，非常微妙。

这一组动作，扮演程婴的马连良和韩厥的扮演者马长礼，两人的配合也是天衣无缝，配合中的尺寸把握，进度快慢，都是天作之合。若有延迟或不准确，踏药箱的时候，就很可能踏在马连良的手上，这组动作在配合上就要求精准，但若取消这个环节，就营造不出千钧一发的紧张氛围，他们如此默契的配合，把这段戏演得非常精彩。

"盘门"后半部，程婴藏孤儿被发现后，马连良有大段的【念白】，直言不讳说出真相，激发了韩厥的正义感，而这一段【念白】，和前面两次故作平静轻松的语气、语调、语速完全不同，充分发挥了马派【念白】铿锵有力的一面，激昂慷慨，抑扬顿挫四种不同的【念白】，理直气壮。最终，韩厥被感化，第三次说了声："去吧！"程婴去而复返，反过来又关心韩厥的安全，更关心韩厥如何处理这件事，因为这关系着赵氏家族三百余口的沉冤能否得以昭雪。韩厥在第四次说声"去吧"之后，在大队人马来搜查前，拔剑自刎。程婴此时的心情是既悲痛又敬仰，错综复杂。马连良"哎呀"一声，情不自禁地跪下，跪地蹉步扑向韩厥，看韩厥已经死，幕后人声鼎沸，程婴急忙站起来转身，斜视远望人声处，然后一个侧身，一抖右边的水袖搭在左肩上，髯口（胡须）随之飘动，双目凝视，炯炯有神，轻快敏捷地离开了这是非地，这个转身下场，干净利落、轻盈洒脱，把程婴此时内心的急、悲、惊、恐、愤、恨等错综复杂的情感展现在舞台上，也是马派之风，同时也是程婴这一角色在此刻应有的反应。没有更多言语，用一组动作表现了彼时彼刻的内心活动，可谓无声胜有声。

马连良在《赵氏孤儿》中开唱的重点场次之一是"公堂"，前面部分是和被屠岸贾抓来的卜凤猝然相遇，程婴越是把献孤儿这桩假事做真，卜凤越是怒火中烧，她二次扑向程婴，连咬带抓，之后当程婴目睹卜凤被屠岸贾一剑劈死，程婴的内心愤恨、悲痛，同时也有恐惧，马连良此时的表演是抖动髯口（胡须）两眼直瞪瞪看着屠岸贾……

公孙杵臼被抓后，程婴一见老朋友被乱棍拷打，不忍看又不得不看，既心疼他的老朋友又怕他挺不住……通过脸部和眼神的变化，把人物内心很好地表现了出来。继而屠岸贾扔下皮鞭，让程婴自己拷打公孙杵臼，一为试探程婴是否是真心献出了孤儿，二来是看赵家内讧从而消遣取乐，一石二鸟，好不乐哉！程婴此时的心情是何等痛苦，马连良又运用了一组身段，左右两个水袖互相翻动，抖动髯口(胡须),向里蹉步,再向外蹉步……就好像电影里的慢镜头。这一组动作,再配合锣鼓把程婴内心的剧烈翻腾,难以下手的深层心理再次表现得淋漓尽致。

更为叫绝的是,屠岸贾在摔死程婴亲生儿子和剑劈公孙杵臼以后,马连良那悲愤、仇恨、痛不欲生,然而还要强装笑脸、故作镇静的表演,细腻到位令人折服。尤其是下场的时候,屠岸贾已走近程婴,程婴躲过别人的注意,偷偷看了一眼地上的两具尸体,很想抱尸痛哭,但此刻连抽泣落泪都不能,在表演上,双手拢在腹部,微晃身躯,拖拉脚步,一步一蹭地下场。

"打婴"这一折,裘盛戎饰演魏绛,在原有的戏码上提出要加戏,马连良很开明,爽快地答应了,并充分地肯定了裘盛戎加得好。裘盛戎初定是在《赵氏孤儿》饰演屠岸贾,后来经专家讨论后,需要加强正面人物的戏份,具体地说就是要加重魏绛的戏,就让裘盛戎由饰演反面人物屠岸贾改为饰演正面人物魏绛,这一来裘盛戎想到了在"打婴"这一场中增加魏绛的戏份。

魏绛本来以为程婴是陷害赵氏满门的奸佞,是屠岸贾的党羽,所以一怒之下鞭打程婴,程婴不但不畏惧,反倒高兴地唱道:"将军的皮鞭打得好,方知你是忠不是奸",就这两句马连良唱得极有力度,尤其是在唱完"皮鞭"后有一个小停顿,接着"打得好"铿锵有力,唱得很坚定,"方知你是忠不是奸"这一句也干净利落。接着,程婴才敢把自己舍子救孤的实情告知了魏绛,魏绛闻听此言,如梦方醒,又愧又悔,不知实情,向程婴赔礼,就在这个节骨眼上,裘盛戎有了灵感,原来的版本在此就一带而过,裘先生浓墨重彩地在此加了一大段新创的唱腔,负责编剧的王雁很快就把词写好了:

【汉调二黄原板、散板】

我魏绛闻此言如梦方醒,
却原来这内中还有隐情。
公孙兄为救孤丧了性命,
老程婴为救孤你舍了亲生。
似这样大义人理当尊敬,
反落得晋国上下留骂名。
到如今我却用皮鞭拷打,
实实的老迈昏庸,我不知真情。
望先生休怪我一时懵懂,
你好比苍松翠柏万古长青。

接下来裘盛戎对唱腔的设计想了很久,【二黄原板】曲调显得太平稳了,与魏绛得知打错了忠良的心情不符合,若用【西皮二六】,又和前不久新排的戏《将相和》有些雷同,沿着人物悔恨之情的路子想下去,最后想到了《七擒孟获》中"孟获探月"一折里孟获唱的【汉调】"仰面朝天一声叹",这段唱腔在《七擒孟获》中既能表现孟获的悔意又能表达对诸葛亮的敬佩之情,与《赵氏孤儿》中魏绛的心态很相似,并与琴师李慕良一起精心设计完善,后李慕良又怕魏绛加了这一段后,马连良在一旁会不会冷场，裘盛戎胸有成竹地告知李慕良说马连良先生一向都不保守，喜欢有创新，自然没问题，李慕良将此加戏的情节与唱段告诉了马连良先生，马连良连连称赞的同时也作了回应："魏绛唱他的唱，我在一旁自然是会设计身段、表情以配合魏绛的唱"，就这样"打婴"一折，焕然一新。

这一段不仅遵照了专家组讨论的建议，加强正面人物魏绛的戏份，还从侧面衬托了程婴这一角色的伟大无私。也是马连良对其他角色的尊重，和对一部剧目精益求精的敬业精神，给马连良下一场重戏"说破"，增添了一个更强、更有力的铺垫。

最后一个重中之重是"说破"这一场。15年后，各种条件都准备成熟，赵氏满门的沉冤能否昭雪在此一举，关键是说破往事，争取孤儿赵武的反戈一击。

程婴上场步履迟缓，目光呆滞，进得自己房中，将门紧闭，打开画册，要把往事通过水墨丹青的画来重诉，一边作画，一边开唱，一气呵成，整段唱腔成为马连良晚年的著名唱段，后被无数戏迷哼唱，在梅花奖大赛中，不少演员选送的就是《赵氏孤儿》【反二黄】这一段：

【反二黄散板】

老程婴提笔泪难忍，

千头万绪涌在心。

十五年屈辱俱受尽，

佯装笑脸【原板】对奸臣。

晋国中上下的人谈论，

都道我老程婴贪图了富贵与赏金。

卖友求荣，害死了孤儿，

是一个不义之人。

谁知我舍却了亲儿性命，

亲儿性命，我的儿啊。

抚养了赵家后代根，

为孤儿我已然把心血用尽，

说往事全靠这水墨丹青。

画就了血冤图以为凭证，

【散板】

叩门声吓得我胆战心惊。

马连良的这段唱腔，音色凄凉悲怆，音调低沉而厚重，将程婴彼时彼刻的心绪表达得非常精准，给人的印象也极为深刻。

在创作《赵氏孤儿》中用【反二黄】板式，能更好地烘托程婴在时隔15年后舍掉亲生之子的悲痛和凄凉的氛围，更好地表现人物的内心。在这段唱腔中马连良更加具有苍老感、悲凉感，也更有厚重感，加之马连良自己也快近耳顺之年，有时带有一点沙哑之音，正好增添了对一个垂暮老人程婴这一角色的表现力。唱段中，唱到"我的儿啊"时，想到自己襁褓的孩儿惨死，情感上难以抑制，音量由中强到弱，再到强，到中强，后有拖音，就是对此情绪很好的表现，声调由低到高，到中音，以表现程婴的哭诉，由含悲忍泪的叙事到想念自己的孩儿开始抽泣，再到哭泣，最后拖音的顿挫，用气时断时接，更是对抽泣的情绪用唱腔作最好的表现，"谁知我舍却了亲儿性命"，"性命"二字，马连良的几个版本在转腔和字眼上都略有不同，只是表现情绪的演唱技法大同小异，抑扬顿挫的时间点有小的出入而已。"卖友求荣，害死了孤儿"，"荣"字是马连良先生在晚年的唱腔中常用的鼻音收音的方式，也是后来马派的一个典型的特点，不止在《赵氏孤儿》中，很多戏都有以鼻音收尾。"害死了孤儿"的"孤"，真假嗓结合，假嗓偏多，这个技法也是马连良在晚年形成马派风格的一大特色，比如《海瑞罢官》《三娘教子》《舍命全交》《清官册》《四进士》等戏中此技法也用了不少，包括很多戏中的念白同样是真假嗓结合使用。马连良在晚年的嗓音总会有些力不从心，而真假嗓结合，反倒给马派的风格增色不少，更加飘逸、凄美、潇洒。

"抚养了赵家后代根……已然把心血用尽……画就了血冤图以为凭证"，此时正当情绪快要趋于平静，第二遍重复"以为凭证"刚一唱完，孤儿赵武夺门而入，突如其来，程婴刚刚画完"真相图"，不知道是谁闯进来，着实吓坏了，此时马连良有一组惊慌失措的表演，赶紧扣上画册，急着转身用手掩护画册，随着一声惊叹"啊"，甩动白色髯口同时浑身颤抖，这是一组连贯的表演，其时间点和节奏的把握，包括赵武进门的前后时间点，要准确无误。最后接唱【反二黄散板】"叩门声吓得我胆战心惊"。每每演到这里，就是观众叫好声不断的时候。而这一组动作马连良吸收了前辈贾洪林在《朱砂痣》中的一组身段变化的表演技巧，并结合自身的表演而成。

《赵氏孤儿》既是马派的代表名剧，也是京剧舞台艺术中的经典名剧，至今也是经久不衰的常演剧目，余派传人王珮瑜、奚派传人张建国都曾按照马派这个剧本演出过……

借鉴与异同

《赵氏孤儿》可以说是马连良舞台艺术表演的一个总结，更是马派艺术的结晶。他将《一捧雪》里莫怀古托孤前的表演移植了，莫怀古第二天就要替死，坐下来哭完后又变成苦笑，然后一个坐子起来，就如《赵氏孤儿》"公堂"一折里程婴的倒步和身段，马连良从原来的经典名剧中摘出其经典动作融化在《赵氏孤儿》中。

马连良先生过去用【反二黄】板式不多，只在《苏武牧羊》里有大段的【反二黄】唱段"想当年奉王命来此北塞"，虽然在声腔中也有悲凉之情，但是马连良在《苏武牧羊》中表现的劲头、尺度，包括韵味技法的运用，与《赵氏孤儿》是不同的，《苏武牧羊》更多的是表现一种悲壮之情，刚劲的技法在唱腔里表现得较多，以表现苏武被扣押塞北十几年的不幸遭遇，誓死不降的气节以及对大汉的思念之情。所以唱法上，力度感较足，给观众以坚定不移的视听感受。而《苏武牧羊》和《赵氏孤儿》【反二黄】板式腔体非常接近，但是几乎是两个完全不同的韵味与技法运用。

马连良在《串龙珠》中，也有一段【二黄导板、回龙、原板、散板】的成套唱段：

在郊外领王命将民教化。

实可叹好良民，平白无故起无端，

好叫人泪眼辛酸。

谁叫你生乱世不如鸡犬，

只恨你不量力有谁可怜。

也是你自作自受休得埋怨，

怒冲冲不敢言苦在心间。

假意儿责打他我心酸手软，

你休得要以卵击石自相残。

这一段无论是板式设计，还是唱腔，还是情节上，都与《赵氏孤儿》"在白虎大堂奉了命"一段很相似。板式是程式套路差不多，但【二黄回龙】大多戏就是一句，而《串龙珠》和《赵氏孤儿》的【回龙】都是几句叠在一起的唱段，唱腔上也雷同，但是技法运用细细品来是不同的，主要看是要体现怎样的一种情感，在情节上，虽然都是假装打人，《赵氏孤儿》中是程婴打公孙杵臼，《串龙珠》是徐达打郭广庆，都是"假打"，但不一样的是，程婴打得更认真，打在公孙杵臼身上是真打，因为屠岸贾不好应付，而徐达打郭广庆则应付的成分较重，就是做给完颜龙看的；程婴和公孙杵臼是好朋友，但是还得真打，下手时心里充满了矛盾和无奈，徐达和郭广庆是两个陌生人，一个是官一个是民，而且是敷衍的"假打"，那么徐达的情感就不会有程婴那么复杂，主要表现徐达爱民却又在无奈中要做做样子；从两者的结果来看，公孙杵臼注定是要死的，而郭广庆很有可能是可以救其一命的。徐达和程婴的身份不同，打的对象的性质也不一样，结局也不同。所以在《串龙珠》中，表演上应是稳中求力度，缓中展露徐达的锋芒。一边唱，一边做，把一个寄人篱下的清官疼爱百姓的赤子之心，细腻而形象地表达出来。

五境内美之要说

成燕君

“中华大地，无山不美，无水不秀”（宾虹语）。千年丹青，画家百代，士夫文人，诸之笔墨，终得自然之法门，造化之魂魄，“享天地之精华，采日月之灵光”，“独与天地精神往来”。

南齐谢赫有“六法”之说，提出了一个初步完备的绘画理论体系框架，即从表现对象的内在精神，表达画家对客体的情感和评价，到用笔刻画对象的外形、结构和色彩，以及构图和摹写作品等。于是，后代画家始终把“六法”作为衡量绘画成败高下的标准。宋代美术史家郭若虚说：“六法精论，万古不移。”

北宋黄休复在《益州名画录》中，又把画分为“逸、神、妙、能”四格，其中能品最低，形象生动，对表现对象把握准确，可供临摹学习；妙品不但可临摹学习，而且笔精墨妙；神品也能临摹学习，但对刻画事物的精神本质却达到了至高境界；逸品的笔墨达到无法之法的境界。奇思异想，妙手偶得。

当然，品画，还如鉴美人，风骨不是人人能见。南朝宗炳也提出了“澄怀味象”之法。

“澄怀”，是一种境界，需要洗涤胸怀，进入画家创作时的状态，与画家心有灵犀；“味象”，审美、领悟，有时只可意会，不可言传。

然而，我所说的中国传统山水画五种境界之内美，不以“六法”而谈，不以“四格”之分。

五种内美所指：一、线条之内美；二、“五笔”“七墨”之内美；三、浑厚华滋之内美；四、苍润之内美；五、笔墨虚实之内美。我所指的内美，非表象的美，而是这五种表象之美背后的精神实质之美。当然，这五种境界之内美，在一幅画里，并非完全独立，而是互相成就，甚至往往这五种内美都呈现在一幅画之中。

一、线条之内美

我说的线条，不完全是书法线条，也不完全是“五笔”之美，它有其自身的独立性。一是线条自身有种境界之美，有独立的境界。所谓“境界”，蕴含着“道”的精神，超然物外，只可意会，不可言传。二是表现了画家的学识、修养、品德之美，画家人生的经历之美。这种线条有哲学的内涵精神，有画家的审美思想，是画家的人生阅历的结晶。三是表现了对境的性灵之美，离象取神。其对境的性灵又是画家的激情所在，精神寄托，灵魂表现。

二、“五笔”“七墨”之内美

众所周知，“平、留、圆、重、变”五种笔性，是宾虹先生对中国画笔法“内美”的毕生体悟。然而，“五笔”并非指五种用笔，而是指一笔之中应包含的五种笔性。

这五种笔性及其所源于的哲学思想，已有很多论述。我所见到的“五笔”内美之侧重，在于“五笔”呈现的精神气象。“五笔”虽本是法则，但又是感觉，不可执实，又非不可把握，看似运笔，实是个人修养、学识境界、人生阅历达到匪夷所思的境界。可以说，对“五笔”的鉴赏，是最终本质的鉴赏，超越图式、色彩、布局、意境等。“五笔”之说，具有深厚民族文化内涵的价值判断，蕴含哲学、心理学、品德，甚至生理的判断。从而达到点、线勾勒，皆是境界的境界。更有突出的是，从宾虹先生的画中，时常可看到一些看似相关、实又很独立的线条，或用笔在一幅画中形成一种“绝唱”。

对于宾虹先生总结的“七墨”（浓、淡、破、泼、渍、焦、宿），看似属于“技”“术”的范畴，但当他升华到一定程度，就是一个“道”的问题。

明清以来，以“白干淡”称为正墨，把“黑湿浓”称为副墨，即清代布颜图的“墨分六彩”之说。而宾虹先生将“君臣”互换，即“黑”指焦墨、宿墨，“湿”指渍墨、破墨、泼墨，而浓墨自然是“正墨”。可见，宾虹先生将自己的“七墨”中的六墨上升为正墨，并认为，“宋元名迹，笔酣墨饱，兴会淋漓”，“好山幽绝处，全借墨华浓”。

然而，对“黑湿浓”的笔性，也如同对“五笔”的笔性一样，要求很高，否则，仅凭“黑湿浓”显然也成画，但在美感上就有天壤之别。所谓墨性，就是“七墨”内美的表现。即，浓墨要黑而深沉，还要亮；淡墨要平淡天真，出没掩映；破墨要浓破淡，方显层次鲜活，气象变换；积墨由淡渐浓，虚实爽朗，墨中有墨；泼墨应手随意，但要见笔气；焦墨贵润，干而不燥，干裂秋风，润含春雨；宿墨要清华，要有墨晕，以“晕”代笔，是更高层次。

以上所讲的积墨，仅是一般作画而言。黑密厚重，浑厚华滋，也是积墨、积线、积气。这还不够，还要有墨的水渍感觉，笔迹墨痕，墨华鲜美，跃然纸上，最后呈现一派化境、化机，这才是积墨的最高内美。

三、浑厚华滋之内美

浑厚华滋，是一个中国传统山水画的核心概念，是审美思想、生命追求和最高艺术境界的概念，同时也是中华民族的民族性概念。宾虹先生讲：“山川浑厚，有民族性。”浑厚华滋，象征着中华民族的恢宏阔大之气。

北宋有荆浩、范宽之深厚，董源、巨然之苍润，二米之自然天成。这如同一泓清泉，宾虹先生由此总结出“画宗北宋，浑厚华滋”，并且认为，只有浑厚华滋之道，才能深言笔墨趣味。笔墨趣味，根于浑厚华滋，而“笔墨重在变字，只有变才能达到浑厚华滋”。“画当以浑厚华滋为宗，一落轻薄促弱，便不足观”（宾虹语）。

“浑厚华滋，画生气韵。然非真力弥满不易至。”（宾虹语）所谓“真力”，是“笔底金刚杵”，“锥画沙”是内隐之力，举重若轻，是一种浑涵内蕴、潜气内转的力的形式，也是一种哲学和文化的表现；不是表面的笔力雄放、墨彩纵逸，而需精神的含弘光大、虚静浑脱，从而达到万物皆备于我，浑然与万物同体的境界。

而“华滋”是潜气内转，是“刚健”中所含之“婀娜”，是虚浑的精神颐养和浑涵笔墨所呈现的境界。

四、苍润之内美

“苍润”出于明代方孝孺《中山草堂记》：“台城中有小山特立，圆秀苍润，远望之如人之弁冠。”明代宋濂《看松庵记》有曰：“庵之东南又若干步，林樾苍润空翠，沉沉扑人。”而形容绘画苍润，有清代侯方域《倪云林十万图记》：“此盖借意成之，而墨法在有无之间，居然苍润。”

清代黄钺《二十四画品》有曰：“气韵、神妙、高古、苍润……”，将苍润放于二十四之前四，认为“气乃苍，神和乃润”。

宾虹先生讲“画重苍润，苍是笔力，润是墨彩，笔墨功深，气韵生动”。

所谓“笔力”，宾虹先生讲：“如挽强弓，如举九鼎。力有一分不足，即是勉强，不能自然。自然是活，勉强即死。”

金刚杵、屋漏痕、折钗股、锥画沙、虫啮木、枯藤、坠石等都是笔力表现的形式，这些表现形式的用墨，无论浓淡、干湿、枯竭，因笔力上纸，力透纸背，故而产生墨的变化，由墨变彩，虚中有实，实中有虚，内美而生。所以，“画之神妙全在用笔”（宾虹语）。用笔之美，全在苍润。

五、笔墨虚实之内美

笔墨虚实之内美，仍然属于哲学宇宙观的高度。庄子认为“虚比真实更真实，是一切真实的原因”。孟子则认为“不停留于实，而是要从实到虚，发展到神妙的意境”。最终归于《易经》的阴阳结合。

所谓绘画中的虚实，清代画家方士庶《天慵庵随笔》中讲：“山川草木，造化自然，此实境也。因心造境，以手运心，此虚境也。虚而为实，是在笔墨有无间，故古人笔墨具此山苍树秀，水活石润，于天地之外，别构一种灵奇。或肆意挥洒，亦皆炼金成液，弃滓存精，曲尽蹈虚揖影之妙。”此语说明“外师造化，中得心源”，“造化”是实，“心源”是虚，外在山水是“实”，画家主观笔墨、生命情调和想象是“虚”。

“虚而为实，是在笔墨有无间”。笔墨虚实，不在有无，在笔墨所呈现的精神、生命，甚至灵魂的状态。所谓山水风景，是画家的精神、激情、生命，甚至灵魂状态；或是一个哲学高度、宇宙观念；或是比自然风景更深邃、更迷人的圣贤气象。

笔墨的虚实，五笔的“平、留、圆、重、变”，墨色的“黑湿浓”“白干淡”，通过虚实的变化升华自然风景，便是董玄宰言“读万卷书，行万里路”的呈现。如宾虹先生所言，“画之为学，包涵广大，圣经贤传，诸子百家，九流杂技，无不相通，日月经天，江河流地，以及立身处世，一事一物之微，莫不有画”。

综上所述，一方面，五境内美是百代画家的贡献，是中华民族的艺术丰碑；也是画家的思想、修养、学识、审美、人生阅历等，通过笔墨功深所表现的一种个人境界。另一方面，五境内美是中国传统山水的审美核心，也是中国传统哲学、传统文化的外化表现，更是中华民族的精神和文化象征。

扎实修炼弘扬中华优秀文化内功，吸引近悦远来

——对建设文化强国的一点儿建言

熊　笃

习近平总书记指出："中华文明绵延数千年，有其独特的价值体系。中华优秀传统文化已经成为中华民族的基因，植根在中国人内心，潜移默化影响着中国人的思想方式和行为方式。"优秀的传统文化是中华民族的根和魂，也是中国特色社会主义植根的文化沃土。所以，笔者认为建设文化强国的根本，就是要引导全民族特别是青少年一代，增强中华文化的自信，扎实修炼内功，必然吸引"近者悦，远者来"。历代中华文化络绎不绝地传到国外的史实就是铁证。

一、中华儒道文化传入外国

（一）最先传到汉字文化圈的东亚各国

汉字传到朝鲜最早是商末周初，《尚书大传》载"武王胜殷……释箕子之囚。箕子不忍为周之释，走之朝鲜。武王闻之，因之朝鲜封之。"《汉书，地理志》："殷道衰，箕子去之朝鲜，教其民以礼仪，田蚕耕作。"春秋战国时期，燕国制造明刀钱币上有大量汉字铭文，从朝鲜渭原郡龙渊洞，江界郡仲岩洞，吉多洞等处出土的4千多枚燕明刀钱币共3千余字足以证明。汉高祖时，燕人卫满率众入朝鲜建立卫满朝廷，自然也带去汉字和汉文化。据朝鲜《三国史记》载，高句丽（前35—668年）自建国初，就用汉字修撰本国史书《留记》，说明此时汉字已经普遍使用。史载高句丽在中国南北朝时曾遣使访问北魏、北齐、北周达90次，访问东晋南朝达30次；同时新罗、百济也遣使中国频繁。吉林吉安县发现的《国冈上广开土境平安好太王碑》就是朝鲜三国时的汉字四六骈文。372年高句丽小兽林王效仿中国开办太学培养贵族，学习"五经"和《史记》《汉书》。据《周书》载，百济学习儒家文化，学会阴阳五行，历法，婚丧礼仪也效仿中国。640年，高句丽，新罗相继派遣留学生到唐朝学习中国文化，典制。新罗统一后，引入中国的科举制。高丽王朝时，引入朱子理学，设国子监。李朝时期分别设立成均馆，仿照中国周朝设中、东、西、南四学。

汉字最早传入日本在东汉初，《后汉书·东夷传》载，建武中元二年（57年）倭奴国奉贡相贺，光武

帝赐以印绶，上刻有“倭奴国王”四个汉字。据《日本书纪》载，东晋义熙元年(405年)百济国王仁访日，带去《论语》和《千字文》。南朝《宋书·蛮夷传》载有日本国王《致宋顺帝表》全文235字，四六骈体文对仗工整，词藻华丽，用了不少中国儒道典故。可见日本汉文水平已与中国不相上下。日本大规模接受中华文化则是在唐朝，曾19次派遣唐使团来华留学数千人，加上鉴真和尚东渡日本带去佛教，于是建筑，服饰，宗教，儒道经典，唐诗艺术等从此在日本广泛效仿流传。南宋时由中国涪陵冉道隆将禅宗传入日本，之后程朱理学，陆王心学也相继传入日本。

汉字传到越南，源于秦朝将领赵佗在秦灭后建立的南越国。汉武帝时，越南再次成为中国的郡县，汉语汉字仅限于官府公文使用。东汉末交趾太守士燮在越南传播中原文化，将汉字音韵译作越声，越人开始吟诗作对，儒学也在越南生根发芽。魏晋南北朝时，中原文化大规模传入越南，至隋唐时，朝廷在越南开设学校传授“五经”，汉越两语同为通用口语，书面语则为汉语。后世历代越南王朝将汉语列为国家正式书面语。李氏王朝还设科举制和国子监。直到胡氏王朝才开始用喃字取代汉字。

(二)儒道典籍传入西方

主要源自欧洲来华的传教士和汉学家的译传。最早是意大利传教士利玛窦，他在中国明朝万历年间传教28年(1582—1610)，曾与明朝士大夫徐光启、李云藻合作翻译了西方《几何原本》《测量法义》《同文算指》《乾坤体义》《浑盖通宪图说》等自然科学著作20多种；同时首次将《四书》译成拉丁文，开中学西渐之先河。艾儒略在《大西利先生行述》中说利玛窦“曾将中国《四书》译成西文，寄回本国，国人读而悦之。知中国古书，能识真源……皆利子之力也”。1592年，西班牙传教士高母茨将明初刊行的《明心宝鉴》(收入孔孟老庄朱熹等人的格言)首次译为西班牙文。1656年波兰传教士卜弥格将译作《中国植物志》在维也纳出版，1664年又出版了法文译本。此外1682年荷兰医师阿德列亚斯·克莱耶尔在德国出版了《中医指南》。

明末至清中叶来华的传教士成为东学西传的主力军，主要翻译成果为：1662—1711年的四种《四书》拉丁语译本：(1)《中国的智慧》(1662)书中收入第一部拉丁语《孔子传》《大学》全译本和《论语》前十章。(2)《中国政治道德学说》(1667)是《中庸》中拉双语对照第一个全译本。(3)《中国哲学家孔子》(1687巴黎出版)包括《大学》《中庸》《论语》和最翔实的《孔子传》《中华君主统治年表》《中华帝国及其大事记》《中国地图》。该书出版后，即出现多部法语，英语转译本。在欧洲《哲学会刊》《学者杂志》《博学通报》《文坛新志》等学术刊物上涌现出多篇评论文章。(4)《中华帝国六经》(1711布拉格出版)。以上译著皆延续利玛窦“合先儒，批宋儒，反佛道”的宗旨，激发了伏尔泰、魁奈、狄德罗、洛克、沃尔夫等欧洲文坛大师了解、崇尚中国理性文明的热烈渴望。此外，法国耶稣会士将中国法医著作《洗冤集录》翻译为法文出版。德国著名数学家、哲学家莱布尼茨，通过与耶稣会士白晋的通信，获得了《易经》象数的详细介绍，促使他将《易经》与他的二进制比较而确定了二进制论文的发表，他在

《论中国人的自然神学》中的观点，将启蒙思想圈有关中国人究竟是无神论或自然神论的辩论推向顶峰，又在《中国近事》序言中说："人类最伟大的文明与最高雅的文化，今天终于汇集在我们大陆的两端，即欧洲和'东方欧洲'的中国。……也许天意注定如此安排，其目的就是当这两个文明程度最高和相距最远的民族携起手来的时候，也会把他们之间的所有民族都带入一种更合乎理性的生活。"这些评论，使18世纪欧洲产生了"中国热"。

19世纪中国文化经典对欧洲的影响：19世纪新教传教士来华更多，译介范围更广，且多为专业汉学家。其中首推英国理雅各，在他的《中国经典》《中国圣书》英文译著中，包括《四书五经》《道德经》《庄子》，广征博引的注疏，独立思考的质疑、评述，体现了注重实证的严谨学风。还有法国专业汉学家掌门人雷慕沙及其学生儒莲、鲍狄埃，在其著述中，对耶稣会士《四书》译著的批判性借鉴和对《道德经》《史记》等书的细致译介上，突破了传教士汉学的笼罩，追求学术的自觉性。并创办了《中国丛报》《中国评论》《远东杂志》等刊物，推进了中学西渐的趋势。但因当时中国国力的衰落，欧洲殖民地扩张，尽管还有叔本华、尼采和俄国比丘林、瓦西里耶夫、巴拉第等学者仍为中国文化赞颂并西译，但也有亚当·斯密、黑格尔等人将中国视为静止、黑暗、专制的代表。不过，以辜鸿铭为代表的中国翻译家此时开始崛起，并针对一战后欧洲大众对恢复社会秩序的渴望和对西方文明衰落的担忧，及时出版了一系列儒家经典译本，获得了西方无数赞誉，于是再度引发了欧洲对中华文化的崇尚之风。

二、中国古典文学传入外国

（一）首先传入朝鲜半岛

据韩国学者闵宽东《中国古典小说的出版研究》称，最早传入朝鲜的是《山海经》《列女传》，随后是《太平广记》（收入自汉代至宋初野史传奇小说500种）。之后朝鲜李氏王朝（1392—1910）时期，中国古典小说传入朝鲜就多达460余种，其中被译为韩文的有68种，文言小说有《列女传》《无双传》《太平广记谚解》《太原志》《吴越春秋》《梅妃传》《红梅记》《剪灯新话》《娉婷记》《花影集》10种；白话小说有《三国》《水浒》《西游》《封神》《红楼梦》《列国志》《孙庞演义》《乐田演义》《隋炀帝艳记》《隋唐演义》《薛仁贵传》《残唐五代演义》《杨家将》《包公演义》《大宋中兴通俗演义》《南宋志传》《大明英烈传》《平山燕冷》《玉娇梨》《锦香亭》《醒风流》《玉支玑》《书图缘》《快新编》《绿牡丹》《女仙外史》《后水浒传》《镜花缘》《好逑传》《珍珠塔》《再生缘》等58种。这些小说，主要是明清皇帝赐书和李朝使臣在中国收集的书。1505年，朝鲜国王燕山君命谢恩使者购买印行《西厢记》等中国戏曲，1881年金正喜译为韩语。当时朝鲜只有面具舞剧和木偶剧，靠口传而无剧本，受《西厢记》等剧影响，朝鲜才出现了第一个剧本《东厢记》，20世纪初才出现汉字创作的《春香传》。

（二）大量传入日本

日本主要在唐代19次遣唐使团来华留学，包括唐代及以前的诗文小说。盛唐时日本著名诗人阿倍仲麻吕(晁衡)与李白、王昌龄、王维等诗人交往甚密，常有唱和。中唐时的日本诗僧空海，回国后成为弘法大师，法号遍照金刚，著有《文镜秘府论》，对唐诗的各种体裁、法式、对仗、格律、作家作品，都有系统的评述，对唐诗在日本的传播影响很大。日本最早的两部史书分别成书于712年和720年的《古事记》和《日本书纪》，其中保存的日本古歌谣辞，汰去重复共约200首，均用汉字书写，以五七言为主。成书于751年的第一部诗总集《怀风藻》收诗120首，全是日本诗人用汉字写的，其中律诗基本合律，只有极少数"失粘"。成书于8世纪末的《万叶集》虽用日文书写，但其"五七五七七"31音的和歌固定句格，明显从汉乐府魏晋乐府变化而来。其"连歌"则源出汉诗柏梁体"连句"，其"俳句"源出汉诗"绝句"，汉诗的影响都很明显。据日本《文德实录》载，九世纪初，白居易诗已传入日本，深受宫廷喜爱，嵯峨天皇将《白氏文集》视为"枕秘"，专设侍读官讲解《白氏文集》，以致有官员献白诗集而获得提拔。日本平安王朝长篇小说《源氏物语》的作者紫式部就是宫中为皇后讲解白居易诗的女官，书中主旨也明显受白居易《长恨歌》的影响。日本《本朝文萃》卷一兼明亲王《忆龟山》词自注"效江南曲体"，其句格和写法明显效仿白居易的《忆江南》词。由此可见唐诗对日本影响之大。明治中叶，日本守野直喜教授已在京都大学讲授"元代戏曲"课程，关汉卿《窦娥冤》全译本是著名汉学家宫原民平翻译，1926年在东京出版。1940年，盐谷温《国译元曲选》目黑书店出版，包括几十个剧本，仅关汉卿就有8个剧的全译本，还有王实甫《西厢记》，马致远《汉宫秋》等剧本。至于小说传入日本更是不计其数。

(三)戏曲传入西方影响很大

如元杂剧中的《赵氏孤儿》是法国传教士马若瑟在1735年译为法文本，发表在《中华帝国全志》上，1755年出版单行本。1738—1741年，爱德华·凯夫主持的英文全译本面世。1755年，法国伏尔泰和英国赫恰特都曾改编为《中国孤儿》，随后俄国涅恰耶夫译成俄文。先在巴黎上演16场，并评论说："就是欧洲最有名的戏剧也还是赶不上的。"18世纪，《赵氏孤儿》传遍欧洲，引发中国文化热潮。他们以移植改编模仿创作带有"中国"字样的剧目为时髦，出现了喜剧《中国人》，抒情剧《回来的中国人》《法国斯文华人》，戏剧《鞑靼人》《中国老妪》等。一些名演员、名剧作家争相编演中国戏剧，剧场也以此为荣，一直持续到19世纪初。

关汉卿的《窦娥冤》，最早由英国外交官汉学家托马斯·当东翻译清代《异域录》1821年在伦敦出版，书中《士女洗冤录》一则，即为《窦娥冤》故事梗概。1829年，俄国《雅典娜神庙》杂志将此转译为俄文《学者之女雪恨记》。1838年，巴黎出版了法国汉学家巴赞译著《元曲选解题》，其中有《窦娥冤》全译本。巴赞1851年又在《亚洲杂志》上连载《元曲选百种曲简析》，简略译介了明代臧晋叔《元曲选》百种剧情。德国汉学家鲁斯尔译著的《中国喜剧》中，有关汉卿的《玉镜台》《谢天香》两种节译本。马致远《汉宫秋》有达庇时1829年英译本和道格拉斯《中国故事集》中选译本，1883年在伦敦、爱丁堡同时出版。法国巴赞1841年出版的《元代中国文学插图史》有白朴《梧桐雨》的译介。王实甫《西厢记》，有最早由意大利传教士佐托利于19世纪中叶出版的拉丁文选译本，法国儒莲有法文全译本，

1872—1880在日内瓦出版。

19世纪前半期，西方戏剧家开始直接搬演元杂剧：1910年路易斯·拉罗在法国演出《汉宫怨》，1912年，美国利特尔剧院演出《汉宫花》，两剧都来自马致远的《汉宫秋》。1916年美国自编自演的《黄马褂》，是据《赵氏孤儿》移植改编的，上演火爆轰动。其他城市也争相呼应，出版、研究并改编成音乐剧。同时《黄马褂》也在英国上演，之后三年遍布了柏林、莫斯科、匈牙利、波兰、捷克、上海、挪威、西班牙、瑞典、丹麦、荷兰等17个国家40个城市的舞台。世界级戏剧大师赖因哈特、斯坦尼斯拉夫斯基、泰罗夫、贝纳文特，都曾排练过《黄马褂》，在东西方架起了第一座戏剧桥梁。

（四）明清长篇小说在外国的传播

《三国演义》：最早有17世纪末湖南文山的日译本；1845年儒莲的法译本附在《赵氏孤儿》书中；1820年，汤姆斯1至9回《董卓之死》的英译本发表在《亚洲杂志》上；自19世纪起，先后有英、法、德、荷、俄、波兰、拉丁、爱沙尼亚、韩、越、泰、缅、印尼、马来西亚等语的节译本和全译本。《水浒传》：17世纪前期日译本已多达18种；1850年，法国安东尼·巴赞14回选译本在巴黎《亚洲杂志》刊载，1878年法文全译本在法国出版；1902年德国出版的《中国文学史》对此书评介，1924年选三回译文收入《小说》书中，1927年德文选译本《强盗与士兵》，产生了广泛影响。《金瓶梅》：1853年法国安托尼·巴赞译第一回《武松与潘金莲的故事》；1879年，加布伦茨法文选译本刊载于《巴黎杂志》；1912年，法文全译本在巴黎出版；1927年，英文节译本在纽约出版；1939年，英文全译本《金莲》在伦敦出版；同时，美国芝加哥大学《金瓶梅词话》全译本出版，德文全译本也在德国出版。《好逑传》：1761年，英国托马斯·伯斯在伦敦翻译出版英文版；1766年，法文本、德文本同时在里昂、莱比锡出版；次年，荷兰文译本在阿姆斯特丹出版；1832年，普希金翻译第12回俄文发表；1833年，俄文全译本在莫斯科出版。德国大文豪歌德评论《好逑传》：以一对青年男女同处一室而能洁身自守，说明“中国人在思想行为和感情方面几乎和我们一样，使我们很快就感到他们是我们的同类人。只是在他们那里，一切比我们更明朗，更纯洁、也更合乎道德”，“正是在这种一切方面包保持严格的节制，使得中国维持到几千年之久，而且还会长存下去”。《好逑传》《玉娇梨》《花笺记》等小说在欧洲流行，歌德都评价很高。

三、中华文化在外国的传播历史回顾对我们的几点启示

自西周箕子逃入朝鲜开始至20世纪初期为止的三千年中，中华文化传入外国，基本上都不是中国历代政府主动或有意输出的，而是中国少数个别人自发流亡国外带去的，或外国朝贡使来华索要封号赐书，并自己在坊间收购典籍带回去的，或外国派遣留学生或传教士来华翻译带回本国的。中国官方翻译机构成立较晚，清代虽有但译员缺乏，所以中国人在清末之前很少将中国古籍翻译外传的。但中国历代学者受《左传》“立德立功立言”这“三不朽”人生观和“修齐治平”的崇高理想，以及“究天人之际，通古今之变，成一家之言”和“发愤著书”“穷而后工”等祖训的浸润，所以都勤于著书、

注疏、考辨和文学创作，留下了文山书海的典籍。这些就是“苦练内功”的丰硕成果。只要练好内功，自然会“近者悦，远者来”，出现了“九天阊阖开宫殿，万国衣冠拜冕旒”（王维《和贾至舍人早朝大明宫之作》）的盛况。

通过教改和法治助推弘扬优秀传统文化：古人从小就接受儒家文化教化熏陶，自觉发愤读书：苏秦孙敬“悬梁刺股”；司马迁遭宫刑而“发愤著书”；夏侯胜、黄霸遵循“朝闻道，夕死可矣”，而在死牢精读《尚书》；王充在书肆“博通百家之言”；苏章、李固“负笈求师，不远千里”；皇甫谧瘫痪卧床，自刺穴位，写出《针灸甲乙经》；车胤、孙康“囊萤映雪”；杨时“立雪程门”；苏东坡要“发奋识通天下字，立志读尽人间书”。……而现在年轻人用功读书者少而又少，就连电影电视剧中的演员台词也是错别字连篇，名牌高校校长讲话也常因此出丑……要扭转这种现象，除了大中小学强化传统优秀文化教育，进行基本的道德行为考核外，还需要培育良好的社会风尚，打造书香中国，奖励文学艺术精品创作。这也是全民练内功的应有之义。

创新中华文化的传播方式：近年央视推出的《经典咏流传》《中国诗词大会》《国家宝藏》《中国地名大会》等弘扬优秀传统文化的精品节目，特别是今年春节新推出的《典籍里的中国》节目，以戏剧+影视的方法，演绎伏生传播《尚书》的故事，使人耳目一新，创下收视率新高，并带出“网红”的典籍热。这就是传播方式的创新，也是“练内功”的内容之一。刘慈欣创作的《三体》科幻系列小说，由《三体》《黑暗森林》《死神永生》三部组成，分别于2006、2008、2010年出版，第一部经美籍华人刘宇昆翻译后，获得了第73届雨果奖，为亚洲第一人殊荣；该系列图书自2014年在欧美市场面市以来，全球销售量超过百万册；2015年获美国科幻作协“2014年度星云奖”提名，同年又获第六届全球华语科幻文学最高成就奖，2017年第三部获世界级科幻轨迹奖，2018年获克拉克想象力服务社会奖。这部由中国作者创作的科幻小说的英文版在国外走红的奇迹，说明文学作品的外译要注重时代性，不仅应传播精神文化层面的思想，还应该呈现世界共同的元素化和生活化的内容，才能具有跨国度、普适性的正能量。从题材到表现手法，都要在“练好内功”的基础上加强创新。

在对外文化输出中，要针对不同文化区的差异，分别重视受众不同的文化基因，寻求双方的最大公约数。例如，伏尔泰将元杂剧《赵氏孤儿》改编为《中国孤儿》，就将春秋晋国内部的忠奸矛盾改为蒙古灭亡南宋的民族矛盾：宋帝托孤于大臣尚德保住皇室孤儿，尚德以自己儿子冒充皇子上交蒙古，尚妻伊氏不舍，告诉成吉思汗抓的是自己儿子而非皇子，而真皇子在被送往高丽途中被抓。大汗爱慕伊氏，以赦免全家和皇子为条件向伊求婚，遭伊拒绝，大怒，下令全都处死。尚德劝妻答应以保皇子，而伊最后选择与夫、子同死，请求刑前与夫见最后一面，求夫先杀自己与子，然后再自杀。被大汗暗中听见夫妻对话，顿时被忠贞爱情和不屈气节所感动，便释放她全家和皇子，并拜尚德为官，用汉文化教化蒙古人，让伊照顾皇子。把悲剧改为皆大欢喜的喜剧，将血腥复仇烈火化为“宽容博爱与谅解”，在当时处于皇室和教会双重压迫下的欧洲社会，赢得了广泛的共鸣，引发了中国文化热。二剧最大公约数则是理性、仁慈、宽容。

再如，美国著名演员兼导演哈里本·利摩，邀请编剧乔治·海泽尔顿编写的《黄马褂》戏剧，于1916年在美国百老汇弗尔敦剧院上演，立即风靡全球持续火爆数年。其实也是将《赵氏孤儿》移植改编的：写清代藩王家妻妾为争夺王位的残杀。藩王嫡长字武豪杰襁褓中遭遗弃，被农夫收养。王妃儿子被立为继承人。武长大后得知身世，闯荡江湖，在民间女爱情感召下，历经波折终于夺回王位。该剧全部采用中国戏曲舞台、脸谱、服饰和虚拟动作，如夹旗为车，执鞭即骑，登桌作城等。《赵氏孤儿》突出的是忠孝节义传宗接代；而《黄马褂》是复仇中突出浪漫爱情，宣扬爱情高于一切的人本主义和人性解放。两者最大公约数则是正义战胜邪恶。这两个典型事例，都很值得我们换位思考和借鉴。

地址：重庆市渝中区枇杷山正街93号

邮编：400013

编辑部电话：(023)63880156　63880157

电子邮箱：cqwhysyj@126.com

微信公众号：cqwhysyjy

网站：www.cqwhysyj.cn

重庆文化艺术研究QQ群号：294222082